「マネーの達人」が教える

老後の
お金が
増える
手続き事典

「マネーの達人」編集長
北山秀輝

アスコム

はじめに

老後のお金を増やす方法は山ほどある!

あなたは長い老後をどのように過ごそうとお考えでしょうか。

「老後資金が足りないかも」と不安を抱えている人も多いかと思います。そんな方々の不安を煽って、投資や資産運用を勧める人がたくさんいますが、今まで何もしていなかったのに、突然難しそうな投資を始めろと言われても、ちょっとハードルが高いですよね。

でも、安心してください。経験がなくても、リスクをとらなくても、老後資金を増やす方法は山ほどありますから。

お金を増やす手続きをオールジャンルから紹介!

この本は、老後のお金を増やすための方法を、ジャンルを問わず網羅して紹介していきます。年金を増やすための裏ワザから、シニアがお得に働く方法、知ったら得する社会保障、住宅や保険で損しない方法、生活費を格安にする裏ワザ、など何でもござれです。

お金を増やす「手続き事典」でありながら、この本でしか知ることのできない「裏ワザ」も多数掲載しました。「理屈はいいから、やり方を知りたい」人には、これ以上ない最適な本だと自負しています。

「マネーの達人」が結集してあなたをサポート!

私は「マネーの達人」というウェブサイトの編集長をしています。手前味噌ですが、月間700万PV（毎月400万人以上の人にご覧いただいている）人気サイトとなりました。

「マネーの達人」はこの本と同じように、お金にまつわるあらゆるジャンルのお得情報を、200名を超えるお金のスペシャリストが紹介して

います。

　私は編集長として、掲載する記事にはすべて目を通しています。その結果、特別に何も頑張らなくても、毎年100万円以上のお金が増えています。

　お金を増やすのに、特定の分野の専門家になる必要はありません。詳しい仕組みや理屈はわからなくてもいいのです。その制度やサービスがあることを「知っているか、知らないか」、これが得する人と損する人の分かれ目です。お得な最新情報を網羅した本書を手に取ってくださったあなたは、とてもラッキーです。あなたもこの一冊で、「知っている側の人」になれるでしょう。

楽しく続けて「マネーの達人」を目指そう!

　この本は全部で80の「お金の増やし方」「お金の守り方」を紹介します。でも、あなたの年齢やライフスタイルによって、手続きできるものとできないものがあります。あなたにいちばん必要な情報は何ページにあるのか、簡単にわかる早見表を8〜9ページに掲載しましたので、まずはその項目からチェックしていただければと思います。

　お金のことは深刻に考えすぎると、手続きしたり、継続するのが億劫です。まずは、ピンときたものから始めてみてください。コツコツと楽しみながら、初めてのことにわくわくしながら、老後資金を増やしていただきたいです。

　老後のお金について考えることは、そのまま老後をどのように生きていくかを考えることにつながります。本書を活用されて、ご自身の理想のライフスタイルを叶えてくだされば、著者として望外の喜びです。

「マネーの達人」編集長　北山秀輝

達人トピック
どんな人でもこの手続きは知っておこう！

老後のお金が増える 80 の裏ワザ

第1章 年金で得する

第2章 退職後に得する

第3章　働き続ける人が得する

第4章　病気になったときに得する

第5章 住宅で得する

第6章 節約で得する

第7章　長生きする人が得する

あなたに役立つ手続きはどれ?

老後の生き方は人それぞれ。あなたのライフスタイルにあわせた「老後のお金を増やす手続き」はどのページにあるか、下記からチェックすることができます。それぞれの番号は、P10 で紹介する「達人ナンバー」に該当します。

すべての人に知ってほしい

達人トピック①　将来の年金額を高速チェック!
達人トピック②　年金の「繰下げ受給」活用術
達人トピック③　給料と年金をダブルでもらう裏ワザ
達人トピック④　年金の新制度で、誰が得する!?

【働き方によって…】

ガッツリ働きたい人

- 01 64歳までの年金を見逃すな!
- 15 60歳で給料が下がったときは…
- 16 再就職したシニアをお金でサポート
- 17 65歳以上のための失業手当
- 19 新しい業種に挑戦する
- 20 シニア起業を後押しする制度

マイペースに働きたい人

- 18 シルバー人材センターで稼ぐ
- 21 スキルで稼ぐ
- 22 家事で稼ぐ
- 23 趣味で稼ぐ
- 24 「シニア」を売って稼ぐ

もう働かない人

- 05 150万人がもらい忘れている年金があった!
- 08 「年金が少なすぎる!」人への救済制度
- 09 退職するなら64歳11カ月がお得
- 10 退職金のお得なもらい方は、どっち?
- 12 退職後の健康保険の選び方
- 13 子の扶養に入るとメリットだらけ!

【住宅によって…】

持ち家がある人

- 43 リフォーム代で得する
- 44 我が家に緑を増やして得する
- 45 死ぬまで返さなくていいローン
- 46 持ち家を売る・貸す
- 53 万が一、災害で家が壊れたら…

賃貸の人

- 41 家を買うなら2021年の年末までに!
- 42 住宅購入による消費税負担を減らす
- 47 子どもの近くに住み、家賃を下げる
- 48 家賃助成のある地方に移住する
- 49 日本一「お金がかからない」町は?
- 50 東京圏から脱出する
- 51 安い老人ホームに入る
- 52 海外に移住する

【生活スタイルによって…】

節約が好きな人

14 生命保険は今すぐ解約！ 25 貸して稼ぐ 26 フリマアプリで売って稼ぐ

27 モニターで稼ぐ 54 NHK受信料が免除になる？ 55 野菜をタダでもらう 56 グルーポン活用術

57 業務スーパー節約術 58 シニアが得する電子マネー 59 イオン活用術

69 スマホ納税 70 電気代を節約する裏ワザ 71 通信費はこの方法で激安に！

76 免許証返納で受けられるサービス 77 高齢者タクシー利用助成

娯楽をエンジョイしたい人

60 シニアが得する店 61 飲食店の「割引デー」を見える化する 62 レストランの料理を格安で味わう

63 シニアも使える「青春18きっぷ」 64 0円工場見学(試食・試飲付き)

65 金券ショップ活用術 67 株主優待活用術 68 ふるさと納税

資産を増やしたい人

02 年下妻がいれば39万円も増える 03 60歳からでも間に合う！年金を満額もらう方法

04 月400円の負担で死ぬまで得する！ 11 自営業のための退職金制度 66 3カ月先回り投資術

72 「iDeCo」でコツコツお金を増やす 73 「国民年金基金」は長生きするほど得をする

74 シニアが始めるなら「つみたてNISA」 75 信用金庫活用術

【いざというときに…】

病気になったら

28 病気やケガで休職したら… 29 医療費が100万円かかっても自己負担は6万円以下に！

30 医療費の確定申告で還付金が戻る 31 薬局のレシートで税金が戻る

32 がんやうつでももらえる障害年金 33 親や伴侶に介護が必要になったら…

34 難病にかかったときは… 35 人間ドックを安く受診する 36 ウィッグ・補正下着を安く買う

37 鍼・灸・マッサージを安く利用する 38 介護用オムツを現物でもらう

39 「生活費が足りない！」ときの無利子融資 40 いざとなれば生活保護がある！

相続・贈与・お葬式

06 夫が亡くなったとき100%もらえる年金 07 遺族年金はいくらもらえる？

78 最新！相続・贈与税で損しない方法 79 家族が亡くなったときもらえるお金

80 葬儀代で家族を困らせない

この本の読み方

本書は全部で80（達人トピックをあわせて84）のお金の増やし方や守り方を紹介します。読むときのポイントは以下の通り！

達人ナンバー

P8〜9で紹介した、あなたに役立つ手続きのページは、ここの番号を見ればわかります。

手続きの実践！

具体的な手続き方法はここを見ればわかります。ここがないページでも、本文中に「どこで、何をすればいいのか」わかるように記載しています。

---

04 年金を最高額に！
月400円の負担で死ぬまで得する！
国民年金の付加年金

国民年金の保険料に、月額400円上乗せして払う年金を「付加年金」といいます。たった2年で元がとれるため、やらなきゃ損の制度です。

対象：20〜65歳未満の自営業の人
お手軽度：★★★★★
お得度：★★★★★
わくわく度：★★★☆☆

達人レベル **4.3**

ちょっとの負担で、年金額はグンと伸びる！

国民年金は満額支給されても78万100円（2019年度）。月約6万5000円です。

しかし毎月の年金保険料に、付加保険料を400円加算するだけで、将来もらう老齢基礎年金の額をアップさせることができます。「200円×付加保険料納付月数」の金額がプラスされるのです。

10年間、月400円の付加保険料を払った場合

支払う金額は、400円×12カ月×10年で、累計4万8000円。

将来もらえる年金は、この半額の2万4000円が年額増えることになります。

年金を死亡するまでもらえますので、受給から10年たつと24万円、20年経てば48万円、30年で72万円といった具合に増えます。初期投資の額を考えると、まさにやらなきゃ損の制度といえます。

36

 市区町村の年金課の窓口に書類を1枚提出するだけ

① **年金課の窓口で申請書類に記入**

窓口で付加年金を申し込みたい旨を伝えると、簡単な申込用紙（「国民年金被保険者関係届書（申出書）」）を渡されます。これに記入捺印して提出するだけです。基礎年金番号を記載しますので、年金手帳と身分証明証、印鑑を持っていきましょう。

② **「国民年金付加保険料納付申出受理通知書」が送られてくる**

これで手続き完了です。申し込んだ月分から、付加年金が加算された納付書が送付されてきます。口座振替やクレジットカードで納付している人も、加算された金額で引き落としが始まります。

 達人の裏ワザ！ **「2年前納」制度を利用してもっと得する！**

付加年金は、国民年金保険料と同様に、2年分まで前納することができます。割引額は1年分で100円と少ないですが、お金に余裕のある人はまとめて払ってしまったほうがお得です。

Check
付加年金はリターン率が高く、手続きも簡単！

第1章 年金で得する

37

達人レベル

手続きの「お手軽度」「お得度」「わくわく度」を数値化し、「マネ達」独自の基準で総合点を算出しました（5点満点）。達人レベルが高いほど、「マネ達」のサイトでも反響が大きかった内容です。一般の人のリアルな声を反映しているので、高得点ほどあなたにも役立つ可能性が高いでしょう。

達人の裏ワザ！

「マネ達」執筆陣だから知っている、お金を増やすための裏ワザを紹介。その手があったかと、目からウロコの情報を掲載しています。

※本書の内容はすべて2020年3月現在のものです。公的制度の手続きの方法やもらえる金額は、今後変化していく可能性があります。また、民間のサービスは突如変更・中止されることもあります。最新情報について、必ず各制度やサービスの窓口に問い合わせてください。

さあ、あなたも
「マネーの達人」への一歩を
踏み出しましょう!

将来の年金額を高速チェック!

簡単! すぐわかる! 結局、私はいくらもらえるの!?

複雑すぎて頭が痛くなる年金制度。どこよりも簡単に、自分の年金額がザックリわかる方法を紹介しましょう!

次のチャートをたどれば、あなたが将来いくら年金をもらえるのか、おおよその金額がわかります。自営業や個人事業主の人は、国民年金(将来の老齢基礎年金)を受給できますが、その金額は下記の通りです。

【自営業・個人事業主の場合は…】

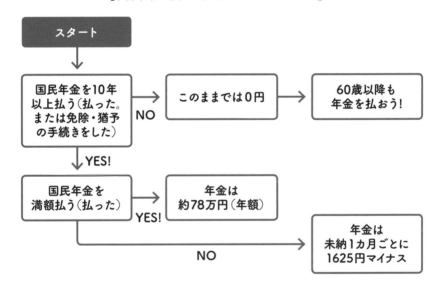

次に、会社勤め（厚生年金に加入）をしたことのある人が、将来、老齢厚生年金と老齢基礎年金を合計でいくらもらえるのか算出したチャートです。金額は男性の生涯平均月収の42万円で計算しています。また、会社に勤めていないときに、国民年金に未納がない場合の金額になっています。

【会社員の場合は…】

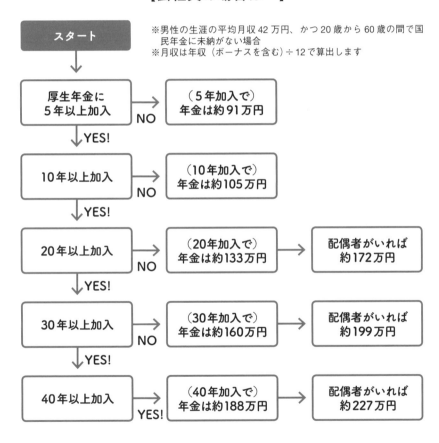

スタート

※男性の生涯の平均月収42万円、かつ20歳から60歳の間で国民年金に未納がない場合
※月収は年収（ボーナスを含む）÷12で算出します

厚生年金に5年以上加入 → NO → （5年加入で）年金は約91万円

YES! ↓

10年以上加入 → NO → （10年加入で）年金は約105万円

YES! ↓

20年以上加入 → NO → （20年加入で）年金は約133万円 → 配偶者がいれば約172万円

YES! ↓

30年以上加入 → NO → （30年加入で）年金は約160万円 → 配偶者がいれば約199万円

YES! ↓

40年以上加入 → YES! → （40年加入で）年金は約188万円 → 配偶者がいれば約227万円

「そんなに給料良くないよ！」という人は、下記の表をご確認ください。月収（ボーナス含む年収÷12）ごとの金額をまとめました。

月収 加入期間	20万円	30万円	42万円	50万円	60万円
5年	85万円	88万円	91万円	95万円	99万円
10年	92万円	99万円	105万円	113万円	120万円
20年	106万円	120万円	133万円	147万円	161万円
30年	120万円	140万円	161万円	182万円	203万円
40年	133万円	161万円	188万円	216万円	244万円

これで、将来もらえる大まかな年金額がわかったと思います。

でも、なかには「何年、年金に加入しているのかわからない」という人もいるでしょう。

そんな人は、毎年誕生月に日本年金機構から送られてくる「ねんきん定期便」をチェックしてみてください。将来もらえる見込み額が記載されています。

また、加入期間や見込み額は、いつでも「ねんきんネット（https://www.nenkin.go.jp/n_net/）」で確認することができます。詳しい金額を知りたい人は、そちらをチェック！

年金は請求しないと
永久にもらえないので要注意!

　年金受給前の人は、どのような手続きを踏んで年金をもらい始めるかイメージしづらいかと思います。実は郵便物をチェックせず、家のなかにボーッと引きこもっていたら、年金は一生もらえません。手続きが苦手な人も、これだけは必ず行うと頭に入れておくと安心です。

【年金をもらうための手続き】

① **年金請求書と解説のリーフレットが自宅に届く**
年金支給が開始される年齢（国民年金の場合は 65 歳。厚生年金の場合は生年月日によって 60 〜 65 歳）を迎える誕生日の約 3 カ月前に届きます。

② **年金請求書に記入、必要書類を集める**
リーフレットにのっとり必要書類を集めます。年金手帳（または基礎年金番号通知書）、戸籍謄本、金融機関の通帳のコピーなどが必要になります。

③ **支給開始年齢を迎えたら年金請求書を提出**
国民年金のみの場合は、市区町村の国民年金担当窓口。厚生年金の場合は最寄りの年金事務所に提出します。

④ **年金証書と裁定通知書が届く**
年金請求書を提出してから約 1 〜 2 カ月後に届きます。

⑤ **年金の振込が開始される**
年金は偶数月の 15 日に、2 カ月分がまとめて振り込まれます。開始されるのは年金証書の到着から約 1 〜 2 カ月後です。

年金の「繰下げ受給」活用術
70歳まで働ける人は将来の年金額が42%アップ！

70歳まで働けて、年金がなくても生活に困らない人は、受給開始年齢になっても年金をもらわず、将来の受給額をアップさせる方法があります。

対象：70歳まで年金がなくても
　　　暮らせる人
お手軽度：★★★★★
お得度：★★★★☆
わくわく度：★★★★★

達人レベル**4.6**

5年待てば70歳からラクになる！

　65歳からの年金の受給開始が1カ月遅くなるごとに、金額は月に0.7%ずつアップしていきます。このように年金の受給を遅らせることを「繰下げ受給」といいますが、現在最長で70歳まで繰下げすることが可能です。すると、70歳からもらえる年金額は、0.7%×12カ月×5年で、42%もアップすることになります。

　たとえば65歳から月10万円をもらえる予定だった人が、5年間は仕事を頑張り、70歳からの繰下げ受給を選択した場合、月14万2000円まで金額を増やすことができるのです。

どんな人が「繰下げ受給」に向いているか？

　70歳まで元気に働けて（働かなくても可）、65歳から年金をもらわなくても生活に困らない人は、この制度を活用するのがオススメです。

　ただし、ある程度長生きしなければ繰下げ受給で得することはできません。計算上、82歳まで生きれば、トータルの年金額は高くなります。長生きすればするほど、お得な制度なのです。

年金の受け取り開始年齢と金額のアップ率

	年金の受け取り開始年齢					
	65歳〜	66歳〜	67歳〜	68歳〜	69歳〜	70歳〜
金額のアップ率	0%	8.4%	16.8%	25.2%	33.6%	42%
この年齢まで生きたら得する	—	78歳	79歳	80歳	81歳	82歳

　なお、70歳から繰下げ受給をする予定だった人が、生活費に困り、それまでの年金を一括で受け取ることも可能です。その場合は、65歳時の年金額を生涯もらうことになります。

 年金請求書にある
「繰下げを希望」に
マルをつけるだけで手続完了!

── ①年金請求書（ハガキ）が自宅に届く（65歳の誕生日の約1カ月前）──

年金請求書に記載された「繰下げを希望」を選択し、
最寄りの年金事務所に提出。

── ②66歳から70歳の誕生日までに ──

年金を受給したいタイミングで、
改めて年金請求書や必要書類を年金事務所に提出する。

17

達人の裏ワザ!

年下の妻がいる会社員に
オススメの「繰下げ受給」術

　夫が会社員で、妻が年下の専業主婦の場合、得する裏ワザがあります。それは、「厚生年金は65歳からもらい、基礎年金（国民年金）だけ繰下げ受給にする」方法です。下記のようなメリットがあります。

★加給年金（年39万900円）を65歳からもらえる

　加給年金とは、年金の家族手当です。厚生年金に紐づいているので、65歳から通常通り厚生年金を受給すれば、加給年金も妻が65歳になるまでもらえます（受給条件はほかにもあります）。

★70歳から増額した基礎年金をもらえる

　基礎年金だけ繰り下げておけば、厚生年金をもらいながらでも、基礎年金は毎月0.7%ずつ増額されます。70歳から、増額した基礎年金と、厚生年金をあわせた金額を受給することができるようになります。

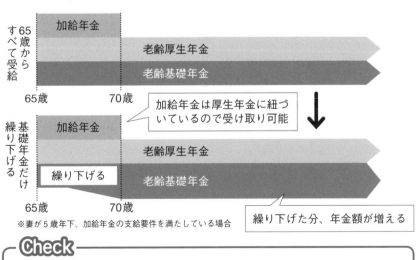

※妻が5歳年下、加給年金の支給要件を満たしている場合

Check
70歳まで働ける人は、繰下げ受給を活用しよう!

給料と年金をダブルでもらう裏ワザ
60〜70歳のいちばん得する働き方

年金なしで暮らす「繰下げ受給」は家計的に厳しい。そんな人には、働きながら年金を一緒にもらう秘策あり。損しない方法を伝授します！

対象：年金をもらいながら働きたい人
お手軽度：★★★★★
お得度：★★★★★
わくわく度：★★★★☆

達人レベル **4.6**

働きながらもらう年金「在職老齢年金」とは？

　年金を受給できる年齢になっても、そのまま継続して働き、給料をもらいながら年金を受給できる制度があります。この制度は「在職老齢年金（ざいしょくろうれいねんきん）」と呼ばれています。

　それならば、年金は通常通りもらい、働けるうちは働こうと考える人も多いかと思いますが、この制度には注意しなければならない点があります。それは、給料と年金額の総額が一定額を超えると、そのぶん年金がカットされてしまう点です。せっかく働いて給料を得たのに、年金が減らされるのはたまったものではありません。それを回避するための方法をお伝えしましょう。

【60〜65歳未満の場合】働きすぎると年金が減る

　60歳から64歳までは、給料と年金の合計が「月28万円以上」になってしまうと、年金が減額されます。減額される金額は、「給料と年金の合計から28万円を引いた額の2分の1」です。

　たとえば、60歳からの給料が30万円、年金（厚生年金）が10万円だったとしましょう。「給料（30万）＋年金（10万）－28万」を2で割った額、「6万」が年金から減額される額です。すると、その月の収入は、34万円になるわけです。

本来もらえるはずの年金が、働いていることを理由に減額されるのは腑に落ちない人も多いでしょう。

そんな人のために、とっておきの裏ワザを次ページで紹介します。

【65歳以上の場合】たくさん働いても年金は減らない

65歳以上の人は、給料と年金額（厚生年金部分のみ）が「月47万円以下」ならば、年金はカットされません。

64歳までに比べて、ずいぶん金額に余裕があります。定年を迎えて、雇用継続あるいは転職し、現役時代から給料が下がるのが普通ですので、年金額がカットされにくくなるわけです。

65歳以上の人は、この「月47万円」を頭に入れ、ご自身の働き方を決めていただければと思います。

働く時間は4分の3なのに
収入をフルタイムより増やす秘策

60～64歳の人が給料30万円で働き、年金を10万円受給すると、年金額が6万円もカットされ、収入は34万円になってしまうと書きました。それを回避するための方法は以下の通り。

①正社員を辞める

在職老齢年金が適用されるのは、厚生年金に加入しながら働く人（正社員）だけです。なので、正社員を辞めて、厚生年金の加入をやめれば、年金は満額もらえるようになります。

②働く時間は4分の3、給料も4分の3にしてもらう

厚生年金の加入をやめるには、働く時間を4分の3未満にし、社会保険にも加入しない必要があります。そして給料も、4分の3未満に下げてもらいます。

③「高年齢雇用継続基本給付」をもらう

雇用保険には、60歳からもらう給料がそれまでの4分の3未満になっていれば、給料の最大15％が支払われる制度があります。これを「高年齢雇用継続基本給付」といいます。仮に60歳で給料が40万円から22万円に減ったとすれば、22万円×0.15＝約3万3000円の給付を得ることができます。すると、給料（22万円）と年金（10万円）を合計して、35万3000円に！　働く時間を減らしたほうが稼げてしまうのです。

┌─ **Check** ─────────────────────
正社員として働かないほうがお得な場合も！
└──────────────────────────────

年金の新制度で、誰が得する!?

早ければ2020年からスタートする新制度の活用法を伝授！

「働きすぎると年金が減額して損する」現制度（2020年3月現在）が大幅に改正される予定です。長く働くシニアが得をする新制度の誕生は近い！

対象：働けるうちは働く人
お手軽度：★★★★★
お得度：★★★★★
わくわく度：★★★★★

達人レベル **5.0**

知ったら得をする３つの改正ポイント

　実施開始時期は未定ですが、現在厚生労働省から発表されている改正のポイントは以下の３つです。
①「在職定時改定」の導入、②厚生年金加入期間を75歳まで延長できる（現在70歳）、③繰下げ受給の上限が75歳になる（現在70歳）

働きながら年金額が毎年アップ
①「在職定時改定」の導入

　これまで65歳から年金をもらいながら働き続けた場合（在職老齢年金制度）、65〜69歳までの年金額は同額でした。65歳から５年間払い続けていた保険料は、70歳で再計算され、70歳から年金額がアップするシステムでした。しかし新制度では、65歳から保険料を払い続けることで、毎年年金額がアップするようになったのです。これを「在職定時改定」といいます。

　たとえば65歳時点の年金額が月額22万円だった人が、月給20万円で働き続けると、毎年、年金額の月額が1100円増加します。すると、年金額が１年で１万3200円ずつ上乗せされていくので、70歳になったとき、現行制度より合計13万2000円得することになります。

老後の働き方別・85歳までの年金総額
（図の色の濃い部分が新制度で増える年金）

[シミュレーション①] 65歳まで働く人（新制度のメリットはなし）

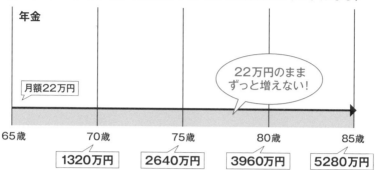

年金

月額22万円

22万円のまま
ずっと増えない！

65歳	70歳	75歳	80歳	85歳
	1320万円	2640万円	3960万円	5280万円

[シミュレーション②] 新制度で70歳まで働く人

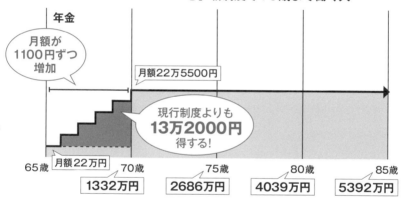

年金

月額が
1100円ずつ
増加

月額22万5500円

現行制度よりも
13万2000円
得する！

月額22万円

65歳	70歳	75歳	80歳	85歳
	1332万円	2686万円	4039万円	5392万円

[シミュレーション③] 新制度で75歳まで働く人

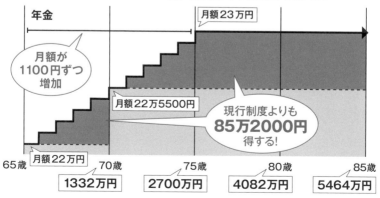

年金

月額23万円

月額が
1100円ずつ
増加

月額22万5500円

現行制度よりも
85万2000円
得する！

月額22万円

65歳	70歳	75歳	80歳	85歳
	1332万円	2700万円	4082万円	5464万円

75歳まで働けばさらに年金額が毎年アップ
②厚生年金加入期間を75歳まで延長できる

　改正によって厚生年金の加入可能期間が75歳まで延長されます。75歳まで年金をもらいながら働き続ければ、年金額は「在職定時改定」によってさらにアップします。65歳の年金月額が22万円の人が、月収20万円で働き続ければ、75歳になるまで毎年月額が1100円あがり続け、現行制度に比べて85歳までの年金額は総額85万2000円も得することになります（前ページの図）。

　次に、概算となりますが、85歳までの年金額の合計を、老後の月収別に計算してみました（65歳時点で年金月額が22万円だった場合）。
- ■65歳で引退：年金総額5280万円
- ■75歳まで月収10万円：年金総額5376万円 ←65歳引退より95万円増
- ■75歳まで月収20万円：年金総額5464万円 ←65歳引退より184万円増
- ■75歳まで月収30万円：年金総額5567万円 ←65歳引退より287万円増

　このように新制度は、元気なうちはできるだけ働きたいと考えている人には、大きなメリットがあるのです。

75歳からの繰下げ受給で82％年金がアップ!?

　また今回の改正により、繰下げ受給の上限年齢が、70歳から75歳に変更される予定です。もし上限の75歳まで繰下げれば、年金額は65歳からの受給に比べて、82％も金額がアップします。しかし、10年間年金をもらっていない期間がありますので、75歳からの繰下げ受給をして得をするのは、92歳まで長生きした場合となります。
「さすがにそれは…」という人も多いと思います。そこで、新制度を最大限に活用した年金のもらい方を次ページで紹介します。

達人の裏ワザ!

新制度からはこの裏ワザを!「在職定時改定」と「基礎年金だけ繰下げ」のダブルで年金額をアップさせる!

新制度となってからも「基礎年金だけ繰下げ」の裏ワザが使えます。

❶ 65歳になったら厚生年金は受給しつつ働き続ける

❷ 「在職定時改定」により厚生年金額が毎年アップしていく

❸ 「基礎年金の繰下げ」で基礎年金額が受給時にアップする

　このようにダブルで年金額を増額させることができるのです。

　65歳のときの年金額の合計が月22万円(夫の厚生年金10万円、夫婦の基礎年金6万円)の人が、このもらい方をした場合、70歳で受給できる年金額は約25万1000円になります。75歳まで基礎年金を繰下げた場合は、約28万円にアップします。

Check
まもなく、稼ぎながら年金が増える時代に!

老後のお金が増える
80の裏ワザ

第1章

第2章

第3章

第4章

第5章

第6章

第7章

64歳までの年金を見逃すな！

特別支給の老齢厚生年金

誕生日が、男性で昭和36年4月1日以前、女性で昭和41年4月1日以前の人は要注意！ もらえる年金を、もらい忘れないようにしましょう。なかには480万円未受給だった人も！

対象：昭和36年4月1日以前（男性）、昭和41年4月1日以前（女性）生まれの厚生年金加入者
お手軽度：★★★★★
お得度：★★★★★
わくわく度：★★☆☆☆

達人レベル **4.0**

64歳までにもらえる「特別支給の老齢厚生年金」とは？

年金は原則65歳から支給されます。しかし、かつて厚生年金は60歳から支給されており、現在は65歳支給開始への移行期間中なのです。男性は昭和36年4月1日以前、女性は昭和41年4月1日以前に生まれている人は、65歳より前から年金を受け取ることができます。これを「特別支給の老齢厚生年金」といいます。

「繰上げ受給」と勘違いして請求を忘れている人も

年金は65歳からもらえるもの、それ以前の年金は「繰上げ受給（年金を早く受け取るかわりに減額される制度）」と勘違いして、特別支給の年金を請求していない人がいます。特別支給の年金を受け取っても、65歳以降の年金額は一切変わりません。もらわない理由は1つもないのです。65歳からの年金とはまったくの別物と考えたほうがいいでしょう。

このような勘違いをして、65歳時点で480万円も特別支給の年金を未受給だった人もいるそうです。その場合、5年分は一括請求できるのでご安心を。

「繰下げ受給」を予定している人は、特に要注意！

　66 ～ 70 歳からの繰下げ受給を予定している人も要注意です。特別支給の年金も繰下げできると勘違いしている人がいます。繰り返しますが、特別支給の年金は 65 歳以降の年金とは別物です。もし 70 歳になる前に特別支給の年金をもらい忘れていることに気づいても、5 年以上たってしまったら取り戻すことはできません。自分は該当していないか、大損しないように必ず確認するようにしましょう。

 ## 特別支給の老齢厚生年金の手続きのしかた

　特別支給の老齢厚生年金がもらえる人には、60 ～ 64 歳の誕生日の約 3 カ月前に「年金請求書」が自宅に送られてきます。15 ページの流れに沿って、お近くの年金事務所に書類を提出すれば、受給を開始することができます。もらい忘れている人は、年金事務所にお問い合わせを。

┌─ **Check** ─────────────────────────┐
5 年以内なら一括請求できる！ 今すぐ確認しよう！
└─────────────────────────────────────┘

年下妻がいれば39万円も増える

年金の家族手当（加給年金・振替加算）

年金の「家族手当」をもらうには、厚生年金に20年以上加入していることが条件。20年に達していない人は働き続けるのがオススメ。

対象：厚生年金に20年以上加入。年下の妻（配偶者）がいる

お手軽度：★★★★★
お得度：★★★★★
わくわく度：★★☆☆☆

達人レベル**4.0**

配偶者や子どもいる人は「加給年金」がもらえる

　加給年金とは、65歳で年金を受け取るとき、妻や子どもがいると加算される、いわば年金の「家族手当」のことです。妻が65歳になるまでもらえます（本書は便宜的に配偶者を「妻」と表記しますが、性別が逆でも同様です）。

　もらうための条件は、「1、夫が20年以上、厚生年金に加入している」「2、妻が年下」「3、妻が特別支給の老齢厚生年金をもらっていない」「4、妻の年収が850万円未満」となります。

　もらえる金額は年22万4500円が基本で、生年月日によって「特別加算」がプラスされます。なぜ特別加算なんてものがあるかというと、年金は若い世代ほど将来もらう額が減るため、不公平さを少しでも是正するためです。そのため若い世代ほど特別加算は高額になります（これから加給年金を受給する人は、みな最高額の39万100円）。

　また、18歳未満の子どもがいる場合も、加給年金をもらうことができます。1人目と2人目の子は、各22万4500円、3人目以降は7万4800円です。たとえば、夫が65歳になったとき、52歳の妻と17歳の子どもがいた場合、妻の分の39万100円と、子ども分の22万4500円をあわせて、61万4600円の加給年金を受け取れます。

加給年金の金額

対象者	加給年金額	年齢制限
配偶者	22万4500円	65歳未満
1人目・2人目の子	各22万4500円	18歳到達年度の末日までの間の子、または1級・2級の障害の状態にある20歳未満の子
3人目以降の子	各7万4800円	18歳到達年度の末日までの間の子、または1級・2級の障害の状態にある20歳未満の子

配偶者加給年金の特別加算額

受給権者の生年月日	特別加算額	加給年金の合計額
昭和 9 年 4 月 2 日～昭和 15 年 4 月 1 日	3万3200円	25万7700円
昭和 15 年 4 月 2 日～昭和 16 年 4 月 1 日	6万6200円	29万700円
昭和 16 年 4 月 2 日～昭和 17 年 4 月 1 日	9万9400円	32万3900円
昭和 17 年 4 月 2 日～昭和 18 年 4 月 1 日	13万2500円	35万7000円
昭和 18 年 4 月 2 日以降	16万5600円	39万100円

配偶者が65歳になってからは「振替加算」もある

　妻が65歳になると加給年金は打ち切られます。その代理として、年金をもらい始めた妻自身の年金額がアップする「振替加算」という制度があります。加給年金の対象者で、昭和41年4月1日までに生まれた人ならもらうことができます（一部例外あり）。

　また、加給年金をもらっていなくても（妻が65歳になってから、夫の厚生年金加入期間が20年になった、など）、振替加算をもらえる可能性があります。金額は生年月日によって異なりますが、昭和30年生まれの人で、月額4246円アップします。

加給年金と振替加算の手続きのしかた

★加給年金：特別な手続きは不要

夫の年金請求の際にまとめて手続き。戸籍謄本、住民票、配偶者の所得証明が必要となります。

★振替加算：下記の人は手続きが必要

妻が65歳になった後に、夫の厚生年金加入期間が20年を満たした場合。つまり、それまで加給年金を受けていなかった人が、条件を満たして振替加算を請求する場合、別途年金事務所に届出が必要になります。必要書類は加給年金と同様です。

★厚生年金加入20年を目指そう!

自営業への転職などで、厚生年金の加入期間が20年に満たない人は、そのままだと加給年金をもらうことができません。そんな人は、再就職をして厚生年金に再加入することをオススメします。

70歳までに加入期間が20年以上になれば、加給年金をもらうことができます。

これらの手続きはすべて、「夫」と「妻」が逆でも同様です。

Check

「加給年金」「振替加算」も、5年分なら 遡 って請求できる!

03

60歳からでも間に合う！
年金を満額もらう方法

国民年金の任意加入

国民年金は未納期間があると、満額（40年分）に達しません。しかし60歳以降も継続して保険料を払えば、満額受給を目指すことができます。

対象：60〜65歳未満の自営業の
　　　人、会社員の配偶者など
お手軽度：★★★★★
お得度：★★★★★
わくわく度：★★★☆☆

達人レベル **4.3**

未納期間のある人は、60歳以降に国民年金の任意加入を

　国民年金に未納期間があり、老齢基礎年金の満額受給（40年分）ができない人は、その未納期間分を埋める対策として、60〜65歳未満の間に利用できる、「国民年金の任意加入」を利用するのがオススメです。

だいたい75歳で元がとれます

　5年間の保険料納付額の総額は98万4600円となりますが、かりに80歳まで年金を受給することになったとすると、約146万2000円の老齢基礎年金を受給できることになります。75歳で亡くなったとしても、約97万5000円の受給です。悪くない投資だといえます。

 年金事務所か市区町村の年金課へ！
カンタン手続きで加入できます

① 年金事務所もしくは
年金課の窓口で申請書類を記入

「国民年金被保険者関係届書（申出書）」に記載します。
年金手帳と身分証明書、印鑑、預貯金通帳と届出印を
持参してください。即日申し込みができます。

② 申込月から加入でき、
口座引き落としが開始される

納付した保険料が40年分に達した時点で、加入期間
は終了となるので、超過して支払うことはありません。

任意加入できる条件

以下の①から④のすべての条件を満たすと任意加入が可能となります。

❶ 日本国内に住所を有する60歳以上65歳未満の人

❷ 老齢基礎年金の繰上げ支給を受けていない人

❸ 20歳以上60歳未満までの保険料の納付月数が480月（40年）未満の人

❹ 厚生年金保険、共済組合等などに加入していない人

※年金の受給資格期間を満たしていない65歳以上70歳未満の人、外国
に居住する日本人で20歳以上65歳未満の人も加入できます。

2年間で1万5000円の割引! まとめ払いを活用しよう

★お金に余裕があれば「2年前納」の口座振替に

　国民年金保険料は、任意加入でも2年まとめて払うことができます。毎月払うよりも、6カ月分前納で3240円、1年前納で7040円、2年前納で1万4590円割引されます。まとまったお金を用意できるならば、できるだけまとめ払いしてしまうのが得策です。

まとめ払いをすると得をする（2020年度）

振替方法	1回あたりの納付額	1回あたりの割引額	2年分に換算した割引額	振替日
2年前納	38万3210円	1万4590円	1万4590円	4月30日
1年前納	19万4960円	3520円	7040円	4月30日
6カ月前納	9万8430円	810円	3240円	4月30日 11月2日

Check
未納期間のある人は任意加入で将来に備えよう！

月400円の負担で死ぬまで得する!
国民年金の付加年金

国民年金の保険料に、月額400円上乗せして払う年金を「付加年金」といいます。たった2年で元がとれるため、やらなきゃ損の制度です。

対象：20〜65歳未満の自営業の人
お手軽度：★★★★★
お得度：★★★★★
わくわく度：★★★☆☆

達人レベル **4.3**

ちょっとの負担で、年金額はグンと伸びる!

国民年金は満額支給されても78万100円（2019年度）。月約6万5000円です。

しかし毎月の年金保険料に、付加保険料を400円加算するだけで、将来もらう老齢基礎年金の額をアップさせることができます。「200円×付加保険料納付月数」の金額がプラスされるのです。

10年間、月400円の付加保険料を払った場合

支払う金額は、400円×12カ月×10年で、累計4万8000円。

将来もらえる年金は、この半額の2万4000円が年額増えることになります。

年金は死亡するまでもらえますので、受給から10年たつと24万円、20年経てば48万円、30年で72万円といった具合に増えます。初期投資の額を考えると、まさにやらなきゃ損の制度といえます。

 **市区町村の年金課の窓口に
書類を1枚提出するだけ**

① ─────────────────────────

年金課の窓口で申請書類に記入

窓口で付加年金を申し込みたい旨を伝えると、簡単な申込用紙（「国民年金被保険者関係届書（申出書）」）を渡されます。これに記入捺印して提出するだけです。基礎年金番号を記載しますので、年金手帳と身分証明証、印鑑を持っていきましょう。

▼

② ─────────────────────────

「国民年金付加保険料納付申出受理通知書」が送られてくる

これで手続き完了です。申し込んだ月分から、付加年金額が加算された納付書が送付されてきます。口座振替やクレジットカードで納付している人も、加算された金額で引き落としが始まります。

 **「2年前納」制度を利用して
もっと得する!**

　付加年金は、国民年金保険料と同様に、2年分まで前納することができます。割引額は1年分で100円と少ないですが、お金に余裕のある人はまとめて払ってしまったほうがお得です。

┌─ **Check** ─────────────────

付加年金はリターン率が高く、手続きも簡単!

05

年金を最高額に！

150万人が
もらい忘れている年金があった！

企業年金（厚生年金基金）

公的年金とは別に、企業が独自に上
乗せしている年金。１カ月しか加入
していなくても、一生涯もらえます。

対象：退職前後
お手軽度：★★★★★
お得度：★★★★☆
わくわく度：★★☆☆☆

達人レベル **3.6**

あなたは大丈夫？ もらい忘れが起こりやすいケース

　１カ月でも会社勤めをした経験のある人は、企業年金がもらえない
か確かめてみるのがいいでしょう。厚生年金基金のある会社に勤めて
いたならば、もらえる可能性があります。60歳からの支給です。

　次のようなケースでもらい忘れが発生しているようです。

①自分が厚生年金基金に加入していたことを忘れている（知らない）

②結婚して姓が変わり、企業側も本人特定ができない

　つまり、本人が申し出をしないかぎり、支給されることはないので
す。もしもらえるとしたら、こんなにもったいないことはありません。

年金のもらい忘れ (未請求数)

厚生年金基金	平成22年度末	平成23年度末	平成24年度末
受給者数	288.9万人	298.7万人	304.3万人
未請求数	13.6万人	13.6万人	13.7万人
未請求数の割合	4.5%	4.4%	4.3%

企業年金連合会に移管された企業年金	平成22年度末	平成23年度末	平成24年度末
受給者数	690万人	759万人	826万人
未請求数	142万人	137万人	133万人
未請求数の割合	20.6%	18.1%	16.1%

10年未満の加入者は「企業年金連合会」に問い合わせる

　厚生年金基金があった企業に勤めていた人は、まずは会社にお問い合わせください。制度があったか記憶にない人も、まずは会社に聞いてみるのがいいでしょう。

　ただし、会社の経営が悪化して厚生年金基金自体が解散していることがあります。その場合は、積み立てた企業年金が「企業年金連合会（☎ 0570-02-2666）」というところに移管されていますので、ここに問い合わせてください。また、10 年未満の短期加入者も企業年金連合会が窓口となります。

 「私はもらえる!」とわかったら…
企業年金連合会に年金を請求します

①　企業年金連合会から「裁定請求書」を送ってもらう
電話、インターネット、文書、来訪のいずれかで取り寄せて、必要事項を記入します。

②　必要書類を添付して、「裁定請求書」を返送する
住民票や国の年金手帳のコピーなどを集めます。請求する人の状況によって必要書類は異なります。

⇒詳しくは企業年金連合会に問い合わせを。

Check
せっかく払った企業年金を、もらわないなんて大損!

06

夫が亡くなったとき 100％もらえる年金

未支給年金・記録もれ年金

夫が亡くなった際、「未支給年金」の
請求を忘れてしまう人が多い。ここ
では、そんな「請求を忘れがちな年
金」をまとめて紹介します。

対象：配偶者が亡くなったときなど
お手軽度：★★★☆☆
お得度：★★★★☆
わくわく度：★★★★☆

達人レベル **3.6**

夫の死亡時には必ず「未支給年金」がもらえる！

「未支給年金」とは、年金受給者が死亡した
ときに、まだ支給されていない年金のことを
言います。未支給年金は必ず発生しているの
ですが、請求しなければもらえません。

年金は偶数月の 15 日に支給されます。その
ため、奇数月に死亡した場合、その月と前の
月の、2 カ月分が未支給となります。

偶数月の 15 日以降に死亡した場合は、その
月の 1 カ月分が未支給です。偶数月の 15 日以
前に死亡した場合は、前の 2 カ月分とその月
分の、計 3 カ月分が未支給となります。

未支給年金の請求は、遺族年金とは別の手
続きをしなければもらえません。必ず年金事
務所に問い合わせ、請求を忘れないようにし
ましょう。

未支給年金を 受ける順位

順位	遺族
1	配偶者
2	子
3	父母
4	孫
5	祖父母
6	兄弟姉妹
7	上記以外の 3親等内の親族

死亡日に亡くなった人と生計
を同じくした遺族であること
が条件。夫が亡くなった場合、
配偶者である妻が未支給を受
け取る優先順位 1 位となる。

夫がもらえるはずだった年金を取り返そう!

　未支給年金はさまざまなケースがあります。たとえば、70 歳の繰下げ受給を予定していたのに、68 歳で亡くなってしまったとしましょう。その場合は、65 歳からもらえる通常の受給額を、妻が一時金として受け取ることができます。

　また、28 ページで紹介した 65 歳前にもらえる「特別支給の老齢厚生年金」の請求をしていなかった場合も、5 年たつ前に請求すれば、未支給年金として受け取ることができるのです。

「消えた年金問題」は終わっていません

「消えた年金問題」が騒ぎになったのは一昔前のことに感じますが、すべてが解決したわけではありません。転職が多かった、年金手帳が複数ある、結婚で姓が変わった、などで、本来もらえるはずの年金を受け取っていない可能性があります。

　このような「記録もれ年金」には 5 年間の時効はありませんので、見つかればいつでも請求することができ、全額を一時金でもらうことができます。

　もし、夫の厚生年金に「記録もれ」が見つかれば、妻の遺族年金の額もそれに合わせて加算されます。夫が遺してくれた遺産と考えて、夫の死亡後には必ず、年金の棚卸しをすることをオススメします。

達人の裏ワザ！ 「未支給年金」をもらい忘れない ためのチェックリスト

　年金のもらい忘れが多いケースを一覧にしました。「これはもしかしたら」と思ったら、すぐに年金事務所に問い合わせましょう！

ケース	内容	時効
夫の死亡時の未支給年金	年金受給者の夫の最後の年金を請求していない（必ずもらえる）	5年
繰下げ受給前に夫が死亡	65歳からの支給分を一括でもらえる（本来の額）	5年
転職が多い	5年未満の勤務先の記録が抜けている可能性がある	なし
年金手帳が複数ある	複数の年金手帳のあいだの期間の記録がもれている可能性も	なし
名前の読み方が難しい	複数の読み方ができると、別人として記録されていることも	なし
姓が変わった	特に男性が婿養子になった際、別人として記録されているケースがある	なし
企業年金（厚生年金基金）	加入していたこと自体忘れていることがある（詳しくは38ページ。問い合わせは企業年金連合会へ）	5年

Check
すべの年金は「請求主義」。声を上げなければもらえない！

年金を最高額に！

遺族年金はいくらもらえる？
「夫が死んだらもらえる年金」のまとめ

「遺族年金」といっても、夫が死亡した時期や、年金の加入状況によってもらえる年金額は大きく異なります。いくら受給できるか把握しましょう。

対象：配偶者が亡くなったとき
お手軽度：★★★☆☆
お得度：★★★★☆
わくわく度：★★★★☆

達人レベル **3.6**

寡婦年金 ── 自営業の夫が死亡した場合

夫が国民年金に 10 年加入していて、婚姻期間が 10 年以上あれば、「寡婦年金」が支給されます。金額は夫の老齢基礎年金の 4 分の 3。支給期間は「妻が 60 歳から 65 歳になるまでの間」です。つまり、妻が老齢基礎年金を受給し始めると、寡婦年金は打ち切られます。

死亡一時金 ── 自営業の夫が死亡した場合

3 年以上、夫が国民年金に加入していれば、加入期間に応じて「死亡一時金」がもらえます。金額は 12 万〜 32 万円。付加年金に加入していれば 8500 円加算されます。ただし、寡婦年金との併給はできません。

遺族厚生年金 ──（元）会社員の夫が死亡した場合

夫が元会社員で、厚生年金の加入期間が 25 年以上あれば、妻は夫の死亡後、「遺族厚生年金」を受給できます。夫が老齢厚生年金を受給していた、または、まだ受給していなくても、25 年以上加入の受給資格を満たしていれば問題ありません。もらえる遺族厚生年金は、夫の老齢厚生年金（報酬比例部分）の 4 分の 3 となります。

また、夫がまだ会社勤めで、厚生年金の加入中に死亡した場合は、たとえ加入期間が25年に満たなくても遺族厚生年金が支払われます。ただし、「死亡日直前の1年間に年金保険料の未納がない」「死亡日前の全期間で3分の2以上保険料を納めている」という条件があります。

遺族厚生年金が受給できる条件

死亡した人の条件	保険料納付要件
厚生年金加入中の死亡	要
退職者で、厚生年金加入中に病気やケガの初診日がある人で、初診日から5年以内の死亡	要
1級または2級の障害厚生年金の受給権者の死亡	不要
厚生年金を受給している人か、受給条件を満たした人の死亡	不要

※保険料納付要件とは、以下のどちらかを満たしている
・死亡日の直前1年間に保険料の未納がない
・死亡日前の全期間で3分の2以上の保険料を納めている

中高齢寡婦加算 —— 65歳未満で遺族厚生年金を受給する場合

妻が65歳未満で、遺族厚生年金を受給する場合は、中高齢寡婦加算（年額約58万円）が支給されます。65歳からは妻の老齢基礎年金（国民年金）の支給が始まるため、中高齢寡婦加算は65歳までとなっています。

また65歳以降の遺族厚生年金は、妻の老齢基礎年金との調整が入ります。妻の年金額が少ないと、それにあわせて遺族厚生年金の額も少なくなってしまうことがあります。

遺族基礎年金 —— 子どもがいる妻に支給される

遺族基礎年金は、18歳未満の子どもがいる人に支給される遺族年金です。夫が国民年金加入者（自営業）と厚生年金加入者（会社員）のどちらでも受給することができます。金額は78万100円に、子の加算が加えられます。

遺族年金の種類

亡くなった人	給付される遺族年金	給付額
第 1 号被保険者（自営業）	寡婦年金	夫の老齢基礎年金 × 3/4
	死亡一時金	保険料を納めた月数に応じて12万〜32万円
第 2 号被保険者（会社員）	遺族厚生年金	夫の老齢厚生年金（報酬比例部分）× 3/4
第 1 号被保険者 第 2 号被保険者	遺族基礎年金	78万100円＋子の加算

遺族年金の届出先と必要書類をチェック！

寡婦年金の届出先 ➡ **市区町村の年金課か、年金事務所**
必要書類：年金請求書（国民年金寡婦年金）

死亡一時金の届出先 ➡ **市区町村の年金課か、年金事務所**
必要書類：年金請求書（国民年金死亡一時金）

遺族厚生年金・中高齢寡婦加算の届出先 ➡ **年金事務所**
必要書類：年金請求書
（国民年金・厚生年金保険遺族給付）

遺族基礎年金の届出先 ➡ **市区町村の年金課か、年金事務所**
必要書類：年金請求書（国民年金遺族基礎年金）

―＜その他の必要書類＞―

戸籍謄本、世帯全員の住民票の写し、死亡者の住民票の除票、請求者の収入が確認できる書類、子の収入が確認できる書類、市区町村に提出した死亡診断書、預金通帳、印鑑など（年金の種類によって異なります。詳しくは届出先にお問い合わせください。マイナンバーの記載によって、住民票や収入証明書の添付は省略できます）

―**Check**―

遺族年金は自分の年金と調整が入る。過度な期待は禁物！

08

「年金が少なすぎる!」人への救済制度

年金生活者支援給付金

年金生活者支援給付金は、年金や所得額が一定額以下の年金受給者のために 2019 年 10 月から始まりました。月額 5000 ～ 7900 円、年金額がアップします！

対象：住民税非課税の人
お手軽度：★★★☆☆
お得度：★★★★☆
わくわく度：★★★★☆

達人レベル **3.6**

「年金が少なすぎる!」基礎年金受給者を支える制度

この制度は要するに「国民年金（老齢基礎年金）」だけでは少なすぎる自営業の方々を支える制度です。もらうための 3 要件は、

① **65歳以上の老齢基礎年金の受給者**

② **同一世帯の全員が住民税非課税**

③ **老齢年金と前年所得の合計が87万9300円以下**

となります。

これらの条件を満たした上で、国民年金の未納・免除期間によって金額は異なりますが、未納なく納付していた場合は月額 5000 円が隔

年金生活者支援給付金

保険料納付済期間	保険料全額免除期間	給付金額（月額）	老齢基礎年金額（月額）	老齢基礎年金額＋給付金額（月額）
480月	0月	5000円	6万5000円	7万円
240月	0月	2500円	3万2500円	3万5000円
360月	120月	6450円	5万6875円	6万3325円
240月	240月	7900円	4万8750円	5万6650円

月で支給されます。未納期間があれば給付金額が下がり、免除期間が
あれば、逆に金額は上がります。また、物価の変動に合わせて金額は
定期的に改定されます。

 # 2019年9月より支給対象者には「年金生活者支援給付金請求書」が届いています

書類が送られた支給対象者

1 受け取ることができる人

2 支給要件を満たしているか所得の個別確認が必要な人

3 老齢基礎年金の繰上げ受給をされている人で、2019年4月2日以降に65歳に到達する人

4 2019年4月2日以降に65歳に到達し、老齢基礎年金を新規に請求される人

5 特別支給の老齢厚生年金を受けている人で、2019年4月2日以降に65歳に到達する人

6 2019年4月2日以降に障害基礎年金または遺族基礎年金を新規に請求される人

⇒書類には手続きの案内が同封されています。
　「年金生活者支援給付金請求書」を送付するだけの
　簡単な手続きです。詳しくは各案内をご覧ください。

Check

「私ももらえるはずなのに…」。そんな人は今すぐ年金事務所へ！

退職するなら64歳11カ月がお得
年金と失業手当をダブルでゲット!

65歳で会社を辞めるのはもったいない! 本来同時にもらえない、特別支給の年金と失業手当が同時にもらえる絶好のタイミングあり‼

対象：会社員を辞める人
お手軽度：★★★★☆
お得度：★★★★★
わくわく度：★★★☆☆

達人レベル **4.0**

65歳になると失業手当はもらえなくなってしまう

　失業手当（雇用保険の基本手当）は、65歳までに辞めた場合で、次の仕事につくまでの90日（雇用保険加入期間が10年未満の場合）から150日（同20年以上の場合）分の一定額がもらえます。しかし、これは65歳を超えると「高年齢求職者給付金（62ページ）」となって、金額は大幅に減ってしまいます。

　ならば失業手当をもらおうと、63歳くらいで失業手当をもらってしまうと、今度は特別支給の老齢厚生年金を受給できなくなってしまいます。なぜなら、まだ65歳になっていない場合、失業手当か特別支給の年金か、どちらかを選択しなければならないからです。

　しかし、この2つを同時にもらえる裏ワザがあるので紹介します。

64歳11カ月に退職すれば、年金と失業手当を同時にもらえる！

　雇用保険法では、65歳になる2日前までが64歳です。つまり、64歳11カ月で退職すれば、65歳になってからでも失業手当をもらうことができるのです。手続きの流れは以下の通り。

①
64歳11カ月で退職する

会社によっては65歳定年の直前に辞めてしまうと、退職金を減額されてしまうケースがあるので、事前に確認しておこう。

▼

②
ハローワークへ（65歳になってからでも可）

手続き上は64歳なので、失業手当を請求できる。ハローワークで「求職申し込み」をしたのち、「離職票」を提出。7日間の待期期間を経て、職業講習会、雇用保険受給説明会などに参加し、支給が開始される。実際に受給するのは65歳になるため、64歳までに支払われる「特別支給の老齢厚生年金」とは重ならないため、一緒にもらうことができる。

▼

③
特別支給の老齢厚生年金を一括請求

支給開始年齢になる3カ月前に、年金事務所から「年金請求書」が送られてくる。戸籍謄本など必要書類を用意して、失業手当の権利を得てから、年金事務所に提出しよう。年金は権利が発生してから5年以内ならばまとめて請求できるので焦る必要はない。

【65歳前後の失業給付の例】

【例】4月2日生まれ、賃金月額26万円、雇用保険の被保険者期間20年以上

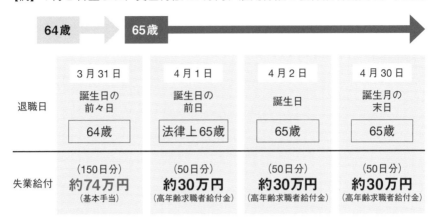

退職日	3月31日	4月1日	4月2日	4月30日
	誕生日の前々日	誕生日の前日	誕生日	誕生月の末日
	64歳	法律上65歳	65歳	65歳
失業給付	(150日分) 約74万円 (基本手当)	(50日分) 約30万円 (高年齢求職者給付金)	(50日分) 約30万円 (高年齢求職者給付金)	(50日分) 約30万円 (高年齢求職者給付金)

　失業手当（基本手当）と、高年齢求職者給付金の金額の差を見ると、それなら64歳11カ月で退職しようと考える人が多いかと思います。

　しかし、1つ注意が必要です。

　65歳で定年退職し、高年齢求職者給付金をもらう場合は、ハローワークで申請をしてから、おおむね1カ月程度で入金がされます（一括支給です）。案内に「7日の待期期間が必要」と記されているため、1週間後に振り込まれると勘違いしてしまう人が多いのですが、初日にハローワークに行ってから、後日、職業講習会などに参加しなければならず、結局最短で支給されるのはほぼ1カ月後になってしまいます。

　失業手当の場合、入金はさらに先です。64歳11カ月で退職した場合、自己都合での退社となるため、上記に加えてさらに「3カ月の給付制限」が必要になります。つまり、入金されるのはおおむね4カ月後なのです。一括支給ではなく、1カ月分が分割で支払われます。

　これらを加味すると、すぐにまとまったお金は必要ではなく、長期的な目線で得したい人は、金額の高い失業手当を選択することが得策だといえるでしょう。

10

退職金の
お得なもらい方は、どっち?

「一時金でもらう」「企業年金でもらう」

退職金で老後資金をまかなおうとしている人は少なくないでしょう。もらい方を選べる場合は、ぜったいに「一時金でもらう」のがオススメ。

対象：退職するとき
お手軽度：★★★★★
お得度：★★★☆☆
わくわく度：★★★★★

達人レベル **4.3**

「一時金でもらう」が正解の理由

　一時金でもらうと、「退職控除」があるので、税金はほぼかからないと考えて OK です。仮に 42 年勤めた人ならば、2340 万円まで税金がかからなくなっています。退職金の平均額（大卒約 2674 万円、高卒 2315 万円）で見ると、一時金でもらえば高卒で 42 年間働いた人の税金はゼロ。大卒でも退職金の 1 ％に満たない額です。

　一方、企業年金としてもらうと、年間 20 万円程度の税金を払う必要があります。これが毎年です。しかも、毎年の収入が多いと、社会保険料の支払いも増えてしまいます。医療や介護費の自己負担額が増えてしまう可能性もあります。それを考えると、一括でもらえるならば、もらわない理由はないでしょう。

 達人の裏ワザ!

熟年離婚をお考えの人は、夫が退職金をもらうまで待って!

★離婚の際の財産分与で損しないために!

「もう夫とは顔を合わせるのもイヤ!」という人もいるかもしれません。嫁姑問題や介護問題、モラハラに不倫と、離婚の原因をあげれば枚挙にいとまがありませんが、どうせ離婚するならお金で損しないタイミングで離婚したほうが、その後の人生が安心できます。

　婚姻期間中に夫婦が築いた資産は、夫婦の共有財産。すべて離婚の際の財産分与の対象です。夫が会社員ならば、定年まで待ってみませんか。

★退職金も財産分与の対象になる

　もしあと数年で夫が退職して、退職金をもらえるとしたら、その半額はあなたのものです。2000万円だとしたら、1000万円はあなたのものです。離婚後であっても、2年以内であれば家庭裁判所に申し立てして請求することは可能です。

★年金の分割はどうなる?

　年金を分割できるのは、厚生年金だけです。国民年金は分割できません。厚生年金の分割に関して、平成20年3月31日までの分は、夫婦間で合意がなければ分割ができません（割合は夫婦で決めることになります。最大2分の1まで）。平成20年4月1日以降の分に関しては、合意がなくても2分の1を受給できます。

Check
退職金の使い道は、焦らず慎重に決めましょう!

11 自営業のための退職金制度
小規模企業共済

個人事業主には退職金がありません。この制度を上手に活用すれば、リタイア後に退職金をゲットして、老後に備えることができます。

対象：自営業の人
お手軽度：★★★☆☆
お得度：★★★☆☆
わくわく度：★★★★☆

達人レベル **3.3**

貯金のつもりで積み立てて、退職金をゲット!

　毎月1000円〜7万円の枠内で、毎月一定額を積み立て、リタイア後に共済金（退職金）として受け取れる制度。掛金の納付期間に応じて、最大120％相当の退職金が戻ってきます。また、掛金は所得控除となるため、掛けた分だけ節税になります。

iDeCoとの併用で、最大165万6000円の節税に!

　小規模企業共済の所得控除は最大月7万円、iDeCoは最大月6万8000円。これらを併用すれば、年間165万6000円分の節税になります。自営業者には大きな節税対策となるでしょう。

【小規模企業共済の窓口】

届出先：最寄りの商工会、商工会議所、金融機関
相談先（運営）：独立行政法人 中小企業基盤整備機構共済

Check
個人事業主は注目! 節税メリットの高い制度

12

退職しても安心

退職後の健康保険の選び方
国民健康保険か任意継続か

定年後の健康保険には、老後の過ごし方によって選択肢があります。退職後1年目は、「任意継続」を選ぶのがベターです。

対象：退職する人
お手軽度：★★★★☆
お得度：★★☆☆☆
わくわく度：★★★☆☆

達人レベル **3.0**

国民健康保険（国保）と任意継続、どっちが得する？

　ずばり任意継続です。任意継続とは、最長2年間だけですが、それまで入っていた健康保険に引き続き加入できる制度。2019年度より、保険料の上限は、月額約3万円となりました（退職時の収入が少ない人は、当然3万円以下になります）。扶養家族の保険料は必要ありません。なので、扶養家族がいる場合は迷わず任意継続を選んでください。

　ただし、退職時の月収が30万円以下で、おひとり様の場合は、自治体によっては任意継続より国保が安くなる場合もあります。最寄りの市区町村の役所に問い合わせてみましょう。

　国保は前年の所得によってその額が算出されます。退職後は所得が減りますので、退職後2年目からは任意継続よりも、国保のほうが保険料が安くなるケースがあります。

 任意継続を1年でやめて、
国保に乗り換える手続きの流れ
（「協会けんぽ」の例。4月に切り替える場合）

① ───────────────────────────────
4月の保険料を納付しない

・納付書の場合は、「4月分納付書」か「前納納付書」で入金しない。
・口座振替の場合は、金融機関に引き落としの停止手続をする（4月1日までに）。

② ───────────────────────────────
協会けんぽへ資格喪失届を提出する

・協会けんぽのホームページから「任意継続被保険者 資格喪失申出書」をダウンロードし、郵送する。

③ ───────────────────────────────
協会けんぽから「資格喪失通知書」が届く

④ ───────────────────────────────
住まいの市区町村役場で国保の手続きをする

・その際、「資格喪失通知書」を持っていく。

⇒国保の保険料は自治体によって異なります。
　必ず保険料を確認してから手続きをするようにしましょう！

13

子の扶養に入るとメリットだらけ！
所得税・住民税・健康保険料

所得税・住民税・健康保険料の支払いで得するには、子どもの扶養に入るのがいちばん。退職時や夫の死後は、真っ先に検討しましょう。

対象：退職時、配偶者との死別のタイミングで
お手軽度：★★★★★
お得度：★★★★☆
わくわく度：★★★☆☆

達人レベル **4.0**

所得税・住民税で子の扶養に入るメリット

給与所得が103万円以下（65歳以上の年金収入なら158万円以下、65歳未満の年金収入なら108万円以下）なら、父母や義父母は、会社員の子どもの税制上の扶養に入ることができます。同居である必要はありません。所得税・住民税に関して、親の負担はなくなります。子のほうも、年末調整や確定申告の際、扶養控除で節税することができます。

健康保険で子の扶養に入るメリット

子どもが加入する健康保険の扶養に入れば、親は健康保険料を払わないで済みます。60歳以上で、年収180万円未満ならば扶養に入れます。実父母は同居していなくてもOK。義父母は同居していなければなりません。

子どもがダメなら、孫の扶養に入ろう！

　健康保険は、3親等以内の親族ならば扶養に入ることが可能です。3親等以内ですので、兄弟姉妹はもちろん、姪や甥の扶養に入ることもできます（配偶者側の親族の場合は、同居の必要あり）。

3親等の範囲

本人から見て図の範囲が3親等（二重線は配偶者）。

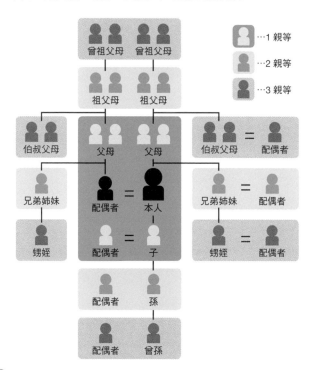

Check
親孝行は「扶養」でしてもらいましょう！

生命保険は今すぐ解約!
退職後に検討しよう

日本人の8割が加入している民間の生命保険。毎月お金が出ていくけれど、本当に必要なの? その疑問に答えます。

対象：子どもが独立した人、シングルの人
お手軽度：★★★★★
お得度：★★★★★
わくわく度：★☆☆☆☆

達人レベル **3.6**

「資産運用」のために使うなら今すぐ解約でいい!

生命保険と聞くと難しそうですが、基本は「①死んだときにお金が出る死亡保障」と「②病気やケガのときにお金が出る医療保障」を受けるために、毎月お金を「掛け捨て」か「積み立て」（もしくはその両方を組み合わせて）で支払っていくものです。

まず大前提として、生命保険を「積み立て（貯蓄・運用）」のために利用している人は、今すぐ解約したほうがいいです。30年前は5.5％あった運用の利回りは、現在たった1％程度。保障代金や経費が差し引かれた金額が運用されますので、結果として確実に元本割れします。銀行に預けていたほうがまだましです。

「死亡保障」のために使うなら、子どもが独立するまで!

子どもがすでに独立している家庭は、家庭の状況にもよりますが、死亡保障は減らしたほうが家計のためです。できるだけ解約したほうがいいと思います。解約返礼金のついている保険なら、そのお金を別の運用に回したほうが、老後資金の足しになります。

「一生涯保障」の権利を持っているという人もいるでしょう。ここでよくご自身の保険のプランを見直してみてほしいと思います。定期付終身保険（掛け捨て型保険と終身保険の組み合わせ）にある「一生涯

保障（死亡保障）」は、満期になれば、保険料を払っていた時期の死亡保障よりも金額が激減します。たとえば55歳まで5000万円だった死亡保障が、保険料払込満了後の55歳以降は300万円程度になってしまうことがあります。

　生命保険は、若い頃の不幸に備えるためのものです。シニアが加入している意味は特になく、地道に貯金したほうが得策なのです。

「医療保障」も日本にいれば必要なし

「病気になったときに安心だから……」という人がいるでしょう。医療保障こそ最大のムダです。91ページで詳しく紹介しますが、日本には「高額療養費制度」というすごい公的制度があります。

　どんなに高額な医療費が発生したとしても（100万円でも）、毎月の自己負担額は5万7600円が上限なのです（年収370万円未満の場合。70歳以上で住民税非課税の人は、2万4600円が上限）。きちんと貯金をしておけば、路頭に迷うような金額ではありません。

　ここまで生命保険をずいぶん敵視してしまいましたが、生命保険の唯一のメリットは「安心代」といえると思います。そもそも保険というのはそういうものですので、生命保険に価値を感じられなくなった人は解約することをオススメします。

Check
定年前後は生命保険を解約するタイミング！

15

60歳で給料が下がったときは…
高年齢雇用継続基本給付

60歳で雇用延長した場合、給料の減額は避けられない。そんなときサポートしてくれるのが、雇用保険の「高年齢雇用継続基本給付」です。

対象：60～65歳未満で働き続ける人
お手軽度：★★★★★
お得度：★★★★☆
わくわく度：★★★☆☆

達人レベル **4.0**

60歳で給料が40万円→24万円になった場合

　この場合、給料が60％になっていますので受給の対象になります。給料がそれまでの75％未満になっていることが1つの条件です。受給できる金額は毎月の給料24万円の15％、すなわち3万6000円（もらえる金額は給与の低下率で決まります）。65歳になるまで支給されます。雇用延長の際は、必ず請求したい給付です。

【対象者】

- 60歳以上65歳未満
- 雇用保険の被保険者期間が5年以上（60歳以降に失業給付の基本手当を受給していない）
- 60歳以降、毎月の賃金が、賃金月額（60歳になる直前の6カ月の平均賃金）の75％未満で、支給限度額（2019年9月現在、36万3359円）以下の場合

【高年齢雇用継続基本給付の窓口】

届出先　：事業所を管轄するハローワーク（事業主を経由して請求）
必要書類：「高年齢雇用継続給付申請書」など

Check
60歳以降も、同じ会社で働き続けるあなたへ！

16

再就職したシニアをお金でサポート
高年齢再就職給付

退職後、転職を果たしたものの、前職の給料の75%未満になった人が対象の制度。早くに再就職しないと給付されません。

対象：60〜65歳未満で再就職をした人
お手軽度：★★★★☆
お得度：★★★☆☆
わくわく度：★★★☆☆

達人レベル **3.3**

転職後の給料が安いあなたへ

65歳未満で再就職の道を選んだ人は、転職活動の際に雇用保険の失業手当（基本手当）がもらえ、その後再就職した際、「高年齢再就職給付」がもらえます。受給できる金額は「高年齢雇用継続基本給付」と同額。ただし、基本手当の残日数が100日以上なければ受給できません。100日以上200日未満ならば1年、200日以上あれば2年、支給されます。

【対象者】

- 60歳以上65歳未満で、基本手当の受給中に再就職した
- 前職を離職した際、雇用保険の被保険者期間が5年以上ある
- 再就職する前日までに、基本手当の支給残日数が100日以上ある
- 再就職後の賃金が、前職の賃金月額（60歳になる直前の6カ月の平均賃金）の75%未満になった
- 再就職した会社で雇用保険の被保険者になった

【高年齢再就職給付の窓口】

届出先　：事業所を管轄するハローワーク（事業主を経由して請求）
必要書類：「高年齢雇用継続給付申請書」など

Check

給料が減ってもシニアのサポート体制は整っています！

65歳以上のための失業手当
高年齢求職者給付金

失業手当（雇用保険の基本手当）は、通常65歳未満が対象。高年齢求職者給付金は、「高齢者のための失業手当」としてシニアを支えます。

対象：65歳以上で再就職を目指す人
お手軽度：★★★★☆
お得度：★★★☆☆
わくわく度：★★★☆☆

達人レベル**3.3**

65歳以降に就職を目指す人がもらえる一時金

　高年齢求職者給付金は、64歳以下がもらえる失業手当と異なり、65歳以上の求職者が、年金と一緒にもらうことができる一時金です。6カ月以上の雇用保険加入期間があれば、失業するたびに何度でも受給することができます。

　現在、雇用保険加入の年齢制限はなくなりました。だから70歳になっても80歳になっても、条件を満たせば高年齢求職者給付金をもらえることになります。

月給が18万円だった人の支給額

　支給額は、「賃金日額」と「基本手当日額」を計算することで算出できます。

　賃金日額は、退職前の6カ月の給与の総額÷180

　これで、計算できます。ボーナスは含みません。たとえば給与が18万円だった人は、18万円×6カ月÷180 ＝ 6000円が、賃金日額となります。

　この賃金日額によって、基本手当の日額が計算できます。

基本手当日額の計算のしかた

賃金日額	基本手当日額
2480円 〜 4970円未満	賃金日額×0.8
4970円以上 〜 1万2210円以下	0.8×賃金日額 − 0.3 ×｛(賃金日額 − 5010)÷7320｝ ×賃金日額
1万2210円超 〜 1万3500円以下	賃金日額×0.5
1万5890円超	7150円（上限額）

これにのっとり計算すると、基本手当日額は、4557円となります。

高年齢求職者給付金は50日分（雇用保険の加入期間が1年以上の場合、1年未満の場合は30日分）出ますので、支給額は4557円×50 = 22万7850円となります。一括での支給です。年金をもらいながら受給できますので、65歳以上で再就職を考えている人は、ぜひ請求してほしいと思います。ただし、離職日翌日から1年たってしまうと、受給資格を失いますので注意してください。

━━━━━━━━【 対 象 者 】━━━━━━━━

- 65歳以上の雇用保険被保険者であること
- 失業した日(退職日)直前の1年間に、雇用保険に加入していた期間が合計で6カ月以上あること
- 現在、失業中であること。働く意思があり、求職活動を行えること

━━━━━━【高年齢求職者給付金の窓口】━━━━━━

届出先　：お近くのハローワーク
必要書類：雇用保険者被保険者離職票1、2（退職後に会社から届く）、
　　　　　個人番号確認書類（マイナンバーカード、住民票でも可）など

Check
70歳、80歳で元気に働き続ける人にオススメ!

第3章
働き続ける人が
得する

63

18

シルバー人材センターで稼ぐ
楽しく働いて月3万〜5万円ゲット！

会社で働くのは厳しい。でも、家に
こもりたくない。そんな人は、地域
社会に貢献しながら稼げるシルバー
人材センターに登録してみましょう。

対象：働き続けたい人
お手軽度：★★★☆☆
お得度：★★☆☆☆
わくわく度：★★★★☆

達人レベル **3.0**

収入よりも生きがいを見いだしたい人へ

　シルバー人材センターは会員団体1790の巨大組織で、全国の会員
数は70万人を超えます。センターに発注があった仕事を、仕事内容
によって会員を選定し、その会員が了承すれば発注元に出向いて仕事
をします。月に10日程度の勤務が上限とされており、収入の相場は
3万〜5万円となります。

シルバー人材センターの主な仕事

一般作業分野	技術分野	技能分野	折衝外交分野
除草・草刈	家庭教師	庭木などの剪定	販売員・店番
屋外清掃、屋内清掃	学習教室の講師	障子などの張替え	配達・集配
包装・梱包	パソコン指導	大工仕事	集金
調理作業	翻訳・通訳	ペンキ塗り	営業
農作業	自動車の運転	衣類のリフォーム	電気・ガスの検針
チラシ・ビラ配り		刃物とぎ	
荷造・運搬	事務分野	門松・しめ縄づくり	
	一般事務		
管理分野	経理事務	サービス分野	
建物管理	調査・集計事務	家事サービス	
施設管理	筆耕・宛名書き	福祉サービス	
駐車場の管理	パソコン入力	育児サービス	

───【シルバー人材センターの窓口】───

お住まいの自治体のシルバー人材センター
（入会説明会に参加し、申込書を提出。シルバー人材センターごとに、
年間600 〜 4000円程度の年会費がかかる）

会員特典で全国の
リゾートホテルや旅館が
10〜15％オフ！

　シルバー人材センターの会員になれば、指定された全国の宿泊施設
に割引価格で泊まることができます。家族も割引されます。レクリエー
ション設備を備えた施設がたくさんありますので、会員同士の交流を
深めるのにももってこいです。

Check
元祖・高齢者が生きがいを得るための仕事！

新しい業種に挑戦する
職業訓練受講給付金（求職者支援制度）

自営業やアルバイトなど雇用保険に未加入の人、失業手当の受給中に再就職ができなかった人が受けられる求職者支援制度です。

対象：再就職を目指す人
お手軽度：★☆☆☆☆
お得度：★★☆☆☆
わくわく度：★★★☆☆

達人レベル**2.0**

職業訓練が無料で受けられる

対象者がハローワークに申請すれば、厚生労働大臣が認定する民間機関で職業訓練を無料で受けられます。テキスト代は自己負担ですが、「職業訓練受講給付金」として月10万円がもらえ、通所手当（4万2000円まで）や寄宿手当（1万700円）まで支給されます。

パソコンや介護、マンション管理など再就職に役立つコース満載

地域にもよりますが、職業訓練のコースは多彩です。パソコン事務、介護、ビルやマンションの管理、日本語教師、キャリアコンサルタントなど、高齢者に人気のコースもたくさんあります。

【職業訓練受講給付金の対象者】

1	ハローワークに求職の申し込みをしていること
2	雇用保険被保険者や雇用保険受給資格者でないこと
3	労働の意思と能力があること
4	職業訓練などの支援を行う必要があるとハローワークが認めたこと
5	本人収入が月8万円以下
6	世帯全体の収入が月25万円以下
7	世帯全体の金融資産が300万円以下

8	現在住んでいるところ以外に土地・建物を所有していない
9	すべての訓練実施日に出席している（やむを得ない理由がある場合でも、支給単位期間ごとに8割以上の出席率がある）
10	世帯のなかに同時にこの給付金を受給して訓練を受けている人がいない
11	過去3年以内に、偽りその他不正の行為により、特定の給付金の支給を受けたことがない

 本気で挑戦したい！
ハローワークに思いを訴えよう

① ハローワークで
求職申し込みを行う

求職者支援制度の説明を受ける。

② ハローワークで
職業相談をする

訓練コースを選び、受講申込書など必要書類を受け取り、申し込む。このとき職業訓練受講給付金の事前審査の申請をする。

③ 訓練実施機関による選考

面接や筆記などがある。

④ 訓練実施機関から合格通知

訓練開始前日までにハローワークから「就職支援計画」を受け取る。

⑤ 訓練受講開始！

訓練修了後3カ月は、月に1回ハローワークに行き職業相談を受ける。給付金の支給申請もこの日に行う。

 Check

シニアから新しい仕事を始めるチャンス！

お得な働き方!

シニア起業を後押しする制度
生涯現役起業支援助成金

定年前後に一念発起して起業する人が増えています。厚労省による40歳以上のための助成で、シニア世代を雇えばもらうことができます。

対象：起業をした人
お手軽度：★☆☆☆☆
お得度：★★☆☆☆
わくわく度：★★★☆☆

達人レベル **2.0**

シニア起業を支援する厚労省の助成金

「生涯現役起業支援助成金」は、40歳以上の人が起業し、60歳以上の人を1名以上、40歳以上60歳未満の人を2名以上（その他のパターンもあり）雇用した場合、その費用の一部が支援される助成金です。起業者が60歳以上のシニアの場合は、最大で200万円の助成金をもらえます。

　この助成は、「シニアの雇用を創出すること」を目的としていますので、一人起業では支援を受けられません。社員を雇うためにかかる費用を助成してくれるというわけです。

【生涯現役起業支援助成金の届出先】

届出先：各都道府県の労働局またはハローワーク
支給までの流れ：①起業→②「雇用創出措置に係る計画書」の提出→③計画書の受理・認定→④計画期間（雇用創出などの措置を実施する期間）→⑤支給申請書の提出→⑥支給審査・支給決定！

Check
自治体には独自の制度がある場合も！ まずは問い合わせを

スキルで稼ぐ

シニアが培ったスキルをネットで活用！
自宅でマイペースに稼ぐ新しい働き方

現役世代の「副業」として広がるクラウドソーシングは定年後のシニアにもオススメ。初心者でも利用しやすいサイトを紹介しましょう！

対象：自宅にネット環境あり
お手軽度：★★★★☆
お得度：★★★☆☆
わくわく度：★★★★★

達人レベル **4.0**

クラウドソーシングって何？

　クラウドソーシングとは、仕事を依頼したい企業や個人と、仕事がほしい個人をネット上でマッチング（仲介）するサービスです。特別な人脈やコネがなくても、クラウドソーシングの運営会社に報酬額の5〜20％程度の仲介手数料を払えば、誰でも新しい仕事を始めることができます。

　記事の執筆や翻訳、写真や動画作成、イラスト作成、アプリ開発など専門スキルを活かす仕事から、アンケートや口コミ投稿など未経験でもできる仕事、雑貨づくりのような趣味を活かした仕事など、さまざまな業種が用意されています。ここでは、特に専門スキルを仕事にできる、オススメのサイトを紹介しましょう。

稼ぎたいなら単価が比較的高い「クラウドワークス」

「稼ぐ」ことを第一の目的にお考えの人は、業界最大手の「クラウドワークス」をオススメします。ユーザー数は約320万人、仕事の数は約288万件（2019年12月時点）もあり、たくさんの仕事が常に募集されています。仕事1件あたりの単価も高めに設定されているため、本格的に老後の仕事としての活用をお考えの人は、クラウドワークス

を利用するのが得策でしょう。ただし、稼ぐためにはスキルが必要です。ユーザー数も多いため、仕事を受注できるかはスキル次第です。

わかりやすい！ 始めやすい「シュフティ」

　クラウドソーシングのサイトは、インターネットに慣れた若い人を基準に作っているものが多く、使い方がわかりづらいという声をよく聞きます。そんな人には「シュフティ」がオススメ。このサイトは、使い方がとてもシンプルなので、初めての人でも迷うことは少ないでしょう。その名の通り、「主婦」がスキマ時間に働けることをコンセプトにしたサイトですので、空き時間にお小遣い稼ぎを、とお考えの人に合っているでしょう。スマホでできる仕事も多く、仲介手数料も10％と低めに設定されているのも魅力的です。

日本最大級！ タスク形式の仕事もたくさんある「ランサーズ」

「ランサーズ」はクラウドワークス同様に、スキルを持っている人向けの仕事が多いですが、初心者でも簡単に稼げる「タスク形式の仕事」がたくさんあります。タスク形式とは、アンケートや口コミ投稿など、応募すれば誰でも気軽に仕事ができるものです。タスク形式にもかかわらず、1案件1000円程度に設定されているものがありますので、タスク形式の仕事をスキマ時間にやるだけでも、月に1万円程度は稼ぐことができます。

クラウドワークスの会員になり稼ぐと、全国23万を超える施設が割引!

クラウドワークスで毎月3000円以上の報酬を獲得している会員には、うれしい特典があります。トラベル・レジャーなど全国23万を超える施設を割引で利用できます。ジャンルは多岐にわたり、健康診断・フィットネスクラブ・グルメ・レジャー・旅行優待・映画・コンサートチケット・カラオケ・美容などの施設が割引価格に!

さらには確定申告などの法律相談、スキルアップ支援などのサポート体制も充実。シニアからのフリーランスライフの頼もしい味方になるでしょう。

スキルで稼ぐオススメサイト		仲介手数料
クラウドワークス https://crowdworks.co.jp/	日本最大級のクラウドソーシングサイト	5～20%
ランサーズ https://www.lancers.jp/	満足度、リピート率、運用実績ナンバーワンサイト	5～20%
ココナラ https://coconala.com/	占いやダイエット指導など、他のサイトにない仕事が満載	10～25%
サグーワークス https://works.sagooo.com/	テキスト作成とアンケートの2種類に特化したサービス	なし（ただし稼ぐにはテストに合格する必要がある）
シュフティ https://app.shufti.jp/	主婦のための在宅ワーク情報が満載	10%

Check
60歳から始める会社にしばられない働き方!

家事で稼ぐ
私はずっと主婦だったから…
その家事のスキルもお金になる！

昔はお金になりにくかった「家事」「子育て」など、主婦層のスキルもクラウドソーシングによって需要が高まっています。

対象：家事に自信がある人
お手軽度：★★★☆☆
お得度：★★☆☆☆
わくわく度：★★★★★

達人レベル **3.3**

「タスカジ」なら平均時給が1770円！

テレビや雑誌でも大注目のタスカジ。料理や掃除洗濯など、主婦が培（つちか）ったスキルで、家事代行をする仕事です。

約8割の人が未経験者。得意な家事だけを選べ、働く場所や時間の融通（ゆうづう）も利きます。

平均時給も1770円と、パートに出るよりかなり割高。長年専業主婦をされてきた人は、思い切って挑戦してみるのも手でしょう（ただし応募できるのは関東圏・関西圏の人だけです）。登録はタスカジのホームページから簡単にできます。

子育てスキルを活かせる「キッズライン」

キッズラインはベビーシッターと家事代行を請け負うサービスです。

子育て経験のある主婦や、フルタイムで働けない元保育士などが働いています。週1回から好きな時間で働けます。募集地域は47都道府県すべてです。

こちらもキッズラインのホームページから、無料登録が簡単にできますので、子ども好きの人は検討してみましょう。

自治体が運営する「ファミリーサポートセンター」で稼ぐ

ファミリーサポートセンターとは、各自治体において、育児や介護を助け合う会員組織。援助を受けたい人（依頼会員）と、援助を行いたい人（援助会員）が、それぞれセンターに申し込んで会員になります。

仕事内容は、保育所までの送迎や、学校の放課後に子どもを預かるなど、特別な資格や経験は必要なし。ホームページから、お住まいの地域の募集内容をチェックできます。

報酬額は自治体によりますが、時給700円程度に定めている自治体が多くなります。

家事で稼ぐオススメサイト

タスカジ https://taskaji.jp/	カリスマ家政婦が多数在籍
CaSy（カジー） https://casy.co.jp/	約7600人が働く家事代行サービス
キッズライン https://kidsline.me/	ベビーシッターをしたい人にオススメ
ファミリーサポートセンター http://www.jaaww.or.jp/service/family_support/	自治体運営の「育児や介護」で稼げる制度

Check
主婦のスキルで、お金がもらえる! 感謝もされる!

趣味で稼ぐ

趣味の延長でお金をもらう！
若い頃の夢が、簡単に叶う！

カメラマン、モデル、イラストレーターなどの憧れの仕事にも、ネットを活用すれば簡単に就けます。人気ユーチューバーになる道も!?

対象：趣味を持っている
お手軽度：★★★★★
お得度：★★★☆☆
わくわく度：★★★★★

達人レベル **4.3**

カメラマンになり写真を販売する――「ピクスタ」
「アドビストック」「スナップマート」「ゲッティイメージズ」

　ピクスタ、アドビストック、スナップマート、ゲッティイメージズといったサイトがあります。これらはプロアマ問わず、自分で撮った写真を登録・販売できるサービスです。散歩や旅行で撮ったお気に入りの写真が、誰かの目に留まり売れれば、あなたに報酬が支払われます。ちょっとしたカメラマン気分を味わえるでしょう。

　一度登録すればあとは売れるのを待つだけですので、手間もかかりません。写真が趣味の人はぜひ活用したいサービスです（イラストや動画も販売できます）。

　報酬額は過度な期待をしないほうがいいでしょう。ピクスタの場合、売上価格の 22 〜 42％。これに売上枚数もかかわってきますので、1枚売れて 100 円くらいと考えてください。それでも自分の写真が「売れた！」ことは喜びになるはずです。

手作り雑貨・アクセサリー・裁縫で稼ぐ
――「minne」「nutte」「Creema」

　手作りの雑貨やアクセサリーを作っているけど、販売する場所がな

い。そんな人が活用できるのが「minne（ミンネ）」や「Creema（クリーマ）」というサイト。手作りした作品をカメラで撮影するだけで、あなたの作品を販売することができます。いずれも月額利用料は無料。売れた場合、約10％の販売手数料がかかります。

　また、裁縫のスキルをお持ちの人は、「nutte（ヌッテ）」というサイトに登録する手があります。経験が必要ですが、採用されれば裁縫職人として活躍することができます。依頼者の「こんなアイテムを作ってほしい」という要望に対して、あなたオリジナルのアイテムを作り、報酬を得る仕事です。

　どちらも、これまで販路や活躍の場がなかった人が、仕事として成立させるための味方になってくれるでしょう。

文章で稼ぐ──「note」

　文章を書く趣味をお持ちの人は、自分の文章を100円から販売できる「note（ノート）」がオススメです。販売には決済手数料（5％または15％）、プラットフォーム手数料（10％または20％）、振込手数料（270円）がかかりますが、売れればちょっとした収入になります。「note」では、専門知識をベースに書かれた記事や小説がよく売れているようです。長年の業務経験で培った専門知識や構想中のストーリーがあれば、文章にして販売してみてはいかがでしょうか。

　なお、「note」は日経新聞やテレビ局などの企業と業務提携しています。自分の書いた文章が提携企業の目に留まれば、プロのライターや作家としてデビューすることも夢ではないかもしれません。

シニアモデルになって稼ぐ

　先に紹介したピクスタでは、カメラマンが人物撮影をする際のモデルも募集しています。現在1000人を超えるモデルさんが登録しています。

インターネットのサイトには、頻繁にイメージ写真が使われていますが、あのようなモデルになることができるのです。イメージ写真にはさまざまな世代のモデルが必要なので、シニアモデルの需要は高いです。ピクスタのホームページから簡単に応募することができます。ギャラは自分で設定できますが、日給5000円から1万円程度が標準。カメラマンやほかのモデルとも親しくなれ、いろいろな撮影に挑戦できるのがうれしい仕事です。

趣味で稼ぐオススメサイト

ピクスタ https://pixta.jp/	写真・イラスト・動画・音楽が売れる
アドビストック https://stock.adobe.com/jp/	プロレベルのストックフォト多数
スナップマート https://snapmart.jp/	日本の人物・風景の写真が多い
ゲッティイメージズ https://www.gettyimages.co.jp/	3億点の画像・映像・音楽素材を提供している
minne https://minne.com/	ハンドメイド・手作り・クラフト作品のマーケット
Creema https://www.creema.jp/	アクセサリー・雑貨・インテリアなどを売買できる
nutte https://nutte.jp/	縫製のプロ職人が多数在籍
note https://note.com/	記事や小説、漫画、イラストなどを売買できる

達人の裏ワザ!

「シニアユーチューバー」の時代が来る!? 豊かな人生経験を動画に公開して稼ごう!

子どもの「なりたい職業ランキング」に入っているユーチューバー。動画を公開し、再生数によって広告収入を得る仕事です。その多くが20～30代くらいまでの世代が中心ですが、昨今は70代以上のシニアも参戦し、人気を集めている人も。人生の辛酸をなめたシニアだから作れる、味わい深い動画で、あなたも人気ユーチューバーになれる!?

【人気のシニアユーチューバーを紹介】

nariwaCh 74歳成羽のチャンネル

・チャンネル登録者数：8000人
・チャンネル開設日：2014年11月16日
・年齢：74歳
・最多再生動画：2017年1月25日に公開「ジャバラ式のカード収納ケースの作り方」。再生回数は9.4万回。

Yoshiko Nakada

・チャンネル登録者数：8030人
・チャンネル開設日：2015年4月5日
・年齢：88歳
・最多再生動画：2016年12月1日に公開「#23『前前前世』を逆さまから歌ってみた」で、再生回数は9.7万回。

80歳 YouTuber 不二子の日常

・チャンネル登録者数：4万2500人
・チャンネル開設日：2017年3月13日
・年齢：83歳
・最多再生動画：2017年6月21日に公開「『サーティーワンのアイス食べました』80歳 YouTuber 不二子の日常 #06」で、再生回数は76万回。

ばあチャンネル【高齢系 YOUTUBER】

・チャンネル登録者数：2830人
・チャンネル開設日：2015年11月3日
・年齢：79歳
・最多再生動画：2016年3月2日に公開「76歳がビートボックスに挑戦してみた。」で、再生回数は6.5万回。

Check

シニアの働き方は、これからますます豊かに！

「シニア」を売って稼ぐ

特別なスキルがなくても、シニアが「そこにいるだけ」でもうけられる仕事!?

ネットでは代行サービスが流行中。
他人の「困った」を解消するために、
シニアが求められている仕事には、
驚くべきジャンルも！

対象：演技に自信がある人
お手軽度：★★★☆☆
お得度：★★★★☆
わくわく度：★★☆☆☆

達人レベル **3.0**

結婚式に代理出席！「家族の演技」をする仕事

「父親レンタル」「母親レンタル」ほか、結婚式などの特定のシーンに代行スタッフを派遣するサービスがあります。家族を演じることで対価を得る仕事です。コンセプトに賛否はあるとはいえ、困っている人を助けるための仕事といえます。

利用には、サービスを運営する「ファミリーロマンス」に登録して採用される必要があります。依頼者からの指定と合致すれば、事前の打ち合わせを経て、代行業務を行う流れとなります。もちろん別人だと疑われないための演技力が必要です。報酬額は案件にもよりますが、60代以上の人なら1案件で5万円程度支払われることもあります。

地元をガイドして稼ぐ――「RootTrip」

観光ガイドをボランティアでやっているシニアは多いですが、「RootTrip（ルートトリップ）」というスマホアプリを使えば、あなたが長年親しんだ土地をガイドして報酬を得ることができます。使い方は簡単。スマホでアプリをダウンロードして登録したら、案内できる場所やガイド料金を設定。旅行者からガイド依頼があれば、条件の詳細をチャットでやりとりし、契約成立です。当日のガイド終了後、5

営業日以内に入金がなされるサービスとなります（PayPalの口座が必須）。海外の旅行者もいるので、語学やスマホの扱いに慣れた人にオススメの仕事です。

「シニア」を売って稼ぐオススメサイト

ファミリーロマンス https://family-romance.com/	家族代行・友人代行などの各種代行サービス
RootTrip https://roottrip.com/ja/	旅行者と地元ガイドのマッチングアプリ
おっさんレンタル https://ossanrental.thebase.in/	ただ「おっさん」であるだけで稼げるサービス

男性シニア限定！悩み相談や将棋の相手など、あなたができることをアピールして稼げる「おっさんレンタル」

テレビドラマ化もされた「おっさんレンタル」。「おっさんの地位向上」を目的に、1時間1000円で男性の時間を貸すレンタルサービス。60代以上でも登録できます。

依頼内容は、「悩み事の相談」が多く、将棋や囲碁の相手になるなど多岐（たき）にわたります。サイトに自己PRを載せ（何もできないでも可）、依頼が入れば事務局から連絡をもらえます。その後、待ち合わせ場所や時間を決める流れです。ほとんどが初対面なので、警戒されにくいシニアは、人気のおっさんになれる可能性が高いでしょう。興味があればお試しを。

Check

歳を重ねたからこそ、稼げる仕事がある！

貸して稼ぐ
マイカー、空き部屋、空き駐車場を
レンタルに出して不労所得を！

家を貸す Airbnb ほど大がかりでなくても、あなたが所有するちょっとした「空きスペース」をレンタルして稼ぐ方法を紹介。

対象：空きスペースがある人
お手軽度：★★★★☆
お得度：★★★★☆
わくわく度：★☆☆☆☆

達人レベル **3.0**

マイカーを貸して稼ぐ「Anyca」

　車はたまにしか乗らないけれど、まだ手放したくない。でも維持費がかさんで大変。そんな人にオススメなのが、カーシェアリングサービスを提供する「Anyca（エニカ）」。Anyca にマイカーを登録すれば、個人間で車をシェアすることができます。

　1台あたりの平均受取金額は、月2万5000円（東京23区の場合）で、上手に活用すれば車の維持費を軽減することができます。車の引き渡し方や、入金の方法、保険についてなど、システムがしっかり構築されているため利用者が増えています。

自宅の駐車場を貸して稼ぐ「akippa」

　自宅に使っていない駐車スペースがあれば、これもレンタルして報酬を得ることができます。「akippa（アキッパ）」というサービスでは、たとえば自宅に2台分駐車場があり、1台分が空いているような状況でも登録することができます。登録してしまえば、あとは勝手にakippa の利用者が駐車場を利用し、オーナーであるあなたにお金が支払われる仕組みです。akippa ではバイクの駐車場の絞り込み検索もできます。狭くても駐車スペースがとれる人は、ぜひ有効活用して

みてください。

　駐車料金は、東京23区で月額2万円程度。当然ですが、駐車場の需要が少ない地域ほど安くなります。

空き部屋を貸して稼ぐ——スペースマーケット

　子どもの独立などで有効活用されていない空き部屋がある人は、「スペースマーケット」というサービスがオススメです。スペースマーケットでは、宿泊だけではなく、パーティーやビジネス、撮影や収録、イベントや結婚式の二次会など、さまざまな用途のために、あなたの空きスペースをシェアできます。

　サイトにシェアするスペースを掲載したら（審査があります）、ゲストの予約を待ちます。予約内容に問題がなければ、鍵の引き渡しなどの段取りを決め、当日を迎え、約14日後にお金が支払われる仕組みです。立地によっては、賃貸以上の収益を上げている人もいます。しかも、レンタルしている時間以外は自分でも使えるので、非常に有効なスペースの使い方といえるでしょう。

ブランドバッグを貸して稼ぐ——ラクサス

　自宅の押し入れに眠っているブランドバッグはありませんか？「ラクサス」というスマホアプリを使えば、ブランドバッグをレンタルに出して収入を得ることができます。高収入のコツは、ずばりブランドの人気度。シャネルやセリーヌ、エルメス、ルイ・ヴィトン、フェンディ、プラダといったハイブランドのバッグをお持ちの人は、売らずに貸して稼ぐ方法があるのです（年間2万4000円程度）。

　やり方は簡単。スマホアプリから宅配キットを申し込む→届いた箱にバッグを入れて送る→ラクサスに掲載→借りられたら収入獲得！という流れになります。バッグを手放すのは惜しいという人に、オススメのサービスです。

貸して稼ぐオススメサイト

Anyca https://anyca.net/	個人間で車をシェアするカーシェアリングサービス
Akippa https://www.akippa.com/	空いている駐車場のシェアリングサービス
スペースマーケット https://www.spacemarket.com/	多様な目的に対応したレンタルスペースサービス
ラクサス https://laxus.co/	使い放題のブランドバッグレンタルアプリ

購入費0円でマイカーをゲットする方法！Anycaの新サービスを使ってみよう

　カーシェアリングサービスの「Anyca」を活用すれば、「0円でマイカーのオーナーになる」ことも可能です。車を持っていない人でも、Anycaで0円マイカーオーナーになれば、カーシェア利用を目的とした車を貸与されます。ただし、カーシェア利用を目的とした車ですので、オーナーの自分が使える時間には制限があります。また、駐車場代などの維持費は自己負担になります。

　いずれにしろ、0円でマイカーをゲットできるなんてすごいサービスです。詳しくはAnycaのホームページをチェックしてみてください！

Check
シェアサービスを活用すれば、稼ぎ方の幅が広がる！

26

フリマアプリで売って稼ぐ
家にある不用品には、合計で70万円近くの価値がある！

1世帯あたりの隠れ資産は平均70万円ともいわれています。家に眠った「お宝」を見つけて、断捨離ついでに賢く稼ぎましょう！

対象：家にモノがたくさんある人
お手軽度：★★★★★
お得度：★★★☆☆
わくわく度：★★☆☆☆

達人レベル **3.3**

第3章 働き続ける人が得する

日用品はメルカリ、高額狙いはヤフオク！へ

　家にモノが増えてお困りの人は多いでしょう。かといって、捨てるのはもったいない。そんなときは、メルカリやラクマといったネットのフリマアプリに出品するのがオススメ。商品によっては、リサイクルショップで売るよりもはるかに高い金額で売ることができます。

　現状、フリマアプリを使うならやはりシェアNo.1の「メルカリ」がオススメです。ユーザー数の多さは「売れやすさ」につながります。

　ただ、カメラなど高額なモノを、すこしでも高く売りたい場合は「ヤフオク！」も捨てがたいです。フリマアプリは売り手が値段を決めるのが基本ですが、ヤフオク！の場合、オークション形式で値段が上がっていきます。ユーザーの年齢層も高いため、想像以上に高額で売れることがあります。商品によって使い分けるのが賢い選択でしょう。

フリマアプリのオススメサイト

メルカリ https://www.mercari.com/jp/	業界最大手。出品手数料は販売価格の10%
ラクマ https://fril.jp/	楽天のフリマアプリ。出品手数料3.85%
ヤフオク！ https://auctions.yahoo.co.jp/	ネットオークション日本最大級。出品手数料8.8～10%

はじめての人のための
メルカリ入門
登録から入金までの流れ

① スマホでアプリを
　 ダウンロード

パソコンでも利用できますが、写真撮影ができるスマホで利用したほうが便利です。

② 会員登録をする

メールアドレスやパスワードの設定など簡単な手続きでできます。

③ 商品の写真を撮る

商品の魅力が伝わるように、いろいろな角度から撮るのがポイント。

④ 商品名と説明文を入力する

商品説明のテンプレートがあるので、簡単に入力できます。

⑤ 送料、配送方法、
　 価格を決める

「送料込み」にすると売れやすくなります。配送方法は、料金が安く、匿名で発送できるメルカリ便シリーズがオススメ。

⑥ 「発送してください」の
　 通知後、発送する

購入者の支払いが済むと、取引画面に発送の通知が届きます。そのタイミングで商品を発送します。

⑦ 売上金を確認

売上金は現金化、またはポイント化できます。手数料がかからないためポイント化したほうがお得です。

ほかのサイトでもだいたい流れは同じです。物怖じせずに、いろいろと挑戦してみましょう！

 **メルカリで売りまくる
簡単テクニック！**

1. 中古相場を調べ、その1割引きで出品しよう

　アマゾンで同じ商品の中古価格をチェックし、それよりも少しだけ安い値段で出品すると売れやすくなります。アマゾンの中古価格が5000円ならば、4500円に設定すると安く感じます。1万円を超える高額商品ならば、値下げ率が1割未満でも比較的売れやすいです。

2. 売れやすいブランドを積極的に出品！

　メルカリの「取引ブランドランキングTOP10」（2018/4/1 〜 2019/3/31）によると、買われているブランドは右記の通り。

　これらのブランドを持っている人は、どんどん出品して稼ぎましょう。

　ちなみに同期間で最も高値で売れたものは、ロレックスデイトナで、その価格は260万円！ あなたも「お宝」を探してみてください。

1位	ユニクロ
2位	ナイキ
3位	アディダス
4位	アップル
5位	シャネル
6位	ラルフローレン
7位	ミキハウス
8位	ジーユー
9位	ザラ
10位	ディズニー

3. こんなものが意外と高額で売れます！

結婚式や仏事のお返しの贈答品	高額商品が多い。箱に入ったまま保管されていればさらに高額で売れる。
専門書	専門書は、ブックオフなどで出回っていないため、意外と高く売れることも。
子どものおもちゃ・フィギュアなど	自分ではただのガラクタにしか見えなくても、マニアックな商品ほど高額で売れる可能性があります。

Check

売って、稼いで、部屋もスッキリ！

27

モニターで稼ぐ

試作品や商品をタダでもらえて、しかもお小遣いまでもらえる！

モニターサイトに登録すれば、新商品を使って感想を書くだけで、報酬を得ることができます。外食が格安になる覆面モニターも紹介！

対象：新商品を試すのが好きな人
お手軽度：★★★★★
お得度：★★★★☆
わくわく度：★★★★★

達人レベル **4.6**

商品モニターは得だらけ！

　モニターサイトを利用すれば、自宅に商品サンプルを送ってもらい、使用した感想などのアンケートに答えるだけで報酬を得られるサービスがあります。商品サンプルは、洗剤やシャンプー、歯磨き粉といった日用品から、アイスクリームにコーヒー、ビールやレトルト食品など、ラインナップは豊富です。

　サンプルはタダでもらえたり、送料だけ負担する程度でゲットできます。それだけでもラッキーですが、アンケートに答えるとモニター料までもらえることもあります（数百円程度ですが）。「マクロミル」や「モラタメ」というサイトには、そのほかにもさまざまな種類のモニターを募集していますので、楽しみながらお小遣いをゲットしちゃいましょう！

モニターで稼ぐオススメサイト

マクロミル https://monitor.macromill.com/	アンケートモニターを多数募集中
モラタメ https://www.moratame.net/	話題の新商品がもらえる＆試せる
ファンくる https://www.fancrew.jp/	お店に行くモニター・自宅で行うモニターが充実
ミステリーショッピングリサーチ https://www.ms-r.com/	覆面調査といえばココ

テレビ番組モニターは高い謝礼をもらえる

　テレビをよく観る人なら、年に1～2度募集しているテレビ番組モニターもオススメです。

　応募にはテレビ番組の感想文を書く審査があり、その審査を通るとモニターに任命されます。任期は半年。毎月数回～十数回、指定の番組を視聴し、視聴日から1～2日以内に番組の感想レポート（数百文字）を指定のフォームから送信します。

　謝礼は1カ月数千円から数万円。高額で競争率も高いのが特徴ですが、よく観ているテレビ番組がある人や文章力がある人は、審査に通る可能性大。ぜひ応募してみることをオススメします。

ミシュラン調査員気分を味わえる！覆面モニターで格安で外食を

「ミステリーショッピングリサーチ」というサイトに登録すれば、飲食店などのお店の覆面モニターをすることができます。

ミステリーショッピングリサーチの利用の流れ

① 無料の会員登録。居住地域や性別などの情報を入力

② 近場のモニター案件が表示される。選んでエントリーする

③ 当選後、詳細がメールで届く。できそうなら参加受諾

④ 覆面モニター実施（飲食や買い物をしながら必要項目をチェック）

⑤ 期間内にレポートとお店のレシートを提出

⑥ 謝礼が支払われる

「必ずトイレを使う」や「メニューについてさりげなく質問する」などミッションが指定されており、さながらミシュランガイドの調査員のような気分を味わえます。謝礼額は案件によってまちまちですが、1万円以上の謝礼がでる案件もあります（おおむね、かかった代金の相当額）。おいしい料理を格安で味わえるので、これを利用しない手はないでしょう！

Check
タダでもらう！タダで味わう！タダで楽しむ！

28

病気やケガで休職したら…
給料の約70%を最長1年半もらえる傷病手当金

傷病手当金は、病気やケガで会社を
4日以上休んだ日から、退職後も支
給され続ける手当。退職する予定で
も、すぐ辞めるのは損！

対象：病気やケガで働けなくなった人
お手軽度：★★★★☆
お得度：★★★★★
わくわく度：★★★☆☆

達人レベル **4.0**

傷病手当金をもらえる人の条件

　健康保険の加入者で、業務外の病気やケガによって会社を「連続し
て4日以上休んだ人（3日間の待期期間が必要）」に支給される手当
です。給料の3分の2が、最長で1年6カ月にわたって支払われます。
月収30万円の人ならば、1日あたりの傷病手当金は6666円になる計
算です。

　この制度はもともと、病気やケガによる休職によって、給料が出な
い人を支える制度です。そのため、会社から給料が出ている場合は支

第4章
病気になった
ときに得する

傷病手当金の支給を受けるための要件

労務不能となり、3日連続で休む（待期期間）。4日目からが給付の対象となる

休 ▶ 休 ▶ 休 ▶ 出 ▶ 休 ▶ 休 ▶ 休 ▶ 休 ▶ 休 ▶ 休

　　└──待期完成──┘　　　　└────傷病手当支給対象────┘

3日連続で休まないと待期完成しない

休 ▶ 出 ▶ 休 ▶ 休 ▶ 出 ▶ 出 ▶ 休 ▶ 休 ▶ 出 ▶ 休

待期完成しても休職していないため受給できない

休 ▶ 休 ▶ 休 ▶ 出 ▶ 出 ▶ 休 ▶ 休 ▶ 出 ▶ 休 ▶ 休

払われません。あるいは会社からの給料が減額された場合、それが傷病手当金より少なければ、差額分が支給されます。

　どんな病気やケガでも受給することができますが、その病気やケガによって休業しなければならないことを主治医の意見書によって証明する必要があります。あわせて勤務先の証明も必要になります。一度の申請によって1年6カ月分が支給されるのではなく、主治医と勤務先が認めた期間のお金を受給することができます。

　もちろん、病気やケガが長引いた場合、1年6カ月以内に再度申請をすれば受給を継続することができます。

　また、休職から退職になった場合でも、働けない状態が続いているときは、継続して受給することができます。ただし、年金や失業手当と一緒にもらうことはできません。

【傷病手当金の窓口】

届出先　　：健康保険組合・協会けんぽ（勤務先を通じて申請）
必要書類：傷病手当金申請書（医師の意見書、勤務先の証明が必要）

Check
病気で辞めるなら、
雇用保険より傷病手当金のほうが得する！

29

医療費が100万円かかっても
自己負担は6万円以下に!

高額療養費制度

日本の国民皆保険制度は世界一手厚い保険。医療費が莫大な金額になっても自己負担の限度額が定められています。

対象：医療費が高額になった人
お手軽度：★★★★★
お得度：★★★★★
わくわく度：★★★☆☆

達人レベル **4.3**

医療費が高額になっても安心の制度

高額療養費制度とは、病院や薬局で払った自己負担額が限度を超えた場合、差額分が支給される制度。あらかじめ高額になることがわかっている場合は、健康保険の窓口に「限度額適用認定証」を発行してもらえば、病院の窓口での支払いを最小限にとどめることができます。

年収が370万円以下ならば、毎月の自己負担限度額は1カ月に5万7600円となります（ただし、「入院費」「患者の希望による個室入院の差額ベッド代」「先進医療にかかる費用」は対象になりません。一方、義手などの治療用装具代は対象です）。年齢と収入によって、自己負担額の限度は変わります。病気になったら必ず利用すべき制度です。

4回目以降の自己負担はもっと安くなる

直近1年で、4回以上の高額療養費制度を受けた場合、4回目以降の自己負担額はさらに引き下げられます。年収370万円以下ならば、毎月の自己負担額は4万4400円です。

高額療養費制度の自己負担限度額は、年齢と収入によって額が変わりますので、詳しくは次ページで確認してください。

第4章
病気になったときに得する

高額療養費制度による自己負担限度額

所得区分	1 カ月あたりの自己負担限度額	4 回目以降の自己負担限度額
年収約 1160 万円以上	25 万 2600 円＋（総医療費−84 万 2000 円）×1%	14 万 100 円
年収約 770 万〜約 1160 万円	16 万 7400 円＋（総医療費−55 万 8000 円）×1%	9 万 3000 円
年収約 370 万〜約 770 万円	8 万 100 円＋（総医療費−26 万 7000 円）×1%	4 万 4400 円
年収約 370 万円以下（70 歳未満の人）	5 万 7600 円	4 万 4400 円
年収約 156 万〜約 370 万円（70 歳以上の人）	5 万 7600 円	4 万 4400 円
住民税非課税者（70 歳未満の人）	3 万 5400 円	2 万 4600 円
住民税非課税者（70 歳以上の人）	2 万 4600 円	適用なし
住民税非課税者（70 歳以上で年金収入 80 万円以下）	1 万 5000 円	適用なし

家族の医療費を「世帯合算」して、自己負担額を減らそう！

　一人では高額療養費の支給対象にならなくても、同じ世帯の家族（同じ健康保険に加入している家族）の医療費も合算して申し込むことができます。同じ医療機関でも、別の医療機関でも OK です。家族全員の自己負担額が限度額を超えた場合、超えた分が高額療養費として支給されます。

―――――――【高額療養費制度の窓口】―――――――

届出先：国民健康保険の加入者は、自治体の窓口。会社員は健康保険組合や協会けんぽの窓口

介護費と医療費の合計額にも自己負担の上限あり

　また、同じ世帯で介護費と医療費の合計が高額になった場合、介護保険の窓口に申請すれば、自己負担限度額を超えたお金が戻ってくる制度もあります。これを「高額医療・高額介護合算療養費制度」といいます。

　夫婦ともに「後期高齢者医療制度」に入っている、夫婦ともに「国民健康保険」に入っているなど、同じ制度に加入している必要があります。医療費だけでは適用されず、介護費と医療費の両方を負担していなければなりません。自己負担額の上限は次の通りです。

高額医療・高額介護合算療養費制度による自己負担限度額

所得区分		自己負担限度額（年間）
70歳未満の世帯	年収約1160万円以上	212万円
	年収約770万〜約1160万円未満	141万円
	年収約370万〜約770万円未満	67万円
	年収約370万円未満	60万円
	市町村民税 世帯非課税	34万円
70歳以上の世帯	年収約370万円以上	67万円
	年収約370万円未満	56万円
	市町村民税 世帯非課税	31万円
	市町村民税 世帯非課税（年金収入80万円以下）	19万円

　対象期間は8月から翌7月までの1年間で、この期間の自己負担額が表の金額を超えた場合、差額分が支給されます。

【高額医療・高額介護合算療育費の窓口】

届出先：市区町村の介護保険の窓口

Check

この制度を使えば、医療費負担は怖くない！

30

もしものときに備える

医療費の確定申告で還付金が戻る
医療費控除で税負担軽減

年間の医療費が 10 万円を超えたら
会社員でも確定申告を！ 家族の分
をまとめて申告すれば、税負担を大
きく減らせます。

対象：年間の医療費が10万円超えた人
お手軽度：★★★☆☆
お得度：★★★★☆
わくわく度：★★★☆☆

達人レベル **3.3**

確定申告すれば所得税が還付される

その年（1〜12 月）までに自己負担した医療費が 10 万円（または
所得の 5 ％）以上かかった場合、10 万円を超えた分が所得から差し
引かれる医療費控除が受けられます。所得が低くなるということは、
そのぶん所得税が安くなるので、会社員が確定申告をすれば還付金が
戻ってきます。

医療費控除の計算方法

医療費控除は次のように計算します。

「1 年間の医療費」−「高額療養費や医療保険の支給額」−「10 万円」。
たとえば、1 年で 100 万円払い、高額療養費や医療保険が 50 万円支
給されていた場合、医療費控除は、

100 万円 − 50 万円 − 10 万円 ＝ 40 万円

になるわけです。この 40 万円分の所得税が還付されますので、税
率が 10 ％の人なら、4 万円が戻ってきます。確定申告の手間はかか
りますが、医療費がかさんでしまった年は、確定申告を忘れないよう
にしましょう。

なお、総所得額が 200 万円未満の人は、上記の「10 万円」を「総
所得額の 5 ％」に変えて計算します。しかし、そもそも所得税を払っ

94

ていない人は、残念ながら医療費控除の恩恵を得ることはできません。

医療費控除も家族合算がお得！

　生計を同じにする家族ならば、全員の医療費を合算できます。その際、確定申告をするのは、いちばん収入が多い人が有利です。収入が多い人ほど、所得税の税率も高くなるため、還付される金額が多くなる可能性があります。このように医療費控除の点からも、医療費のかさむシニアは、子の扶養になってしまったほうがお得なのです。

【医療費控除の対象になるもの】

・病気やケガの治療のための市販の医薬品の購入
・医師の処方による医薬品、湿布薬、漢方薬
・医師に支払った診療費や治療費（入院費や治療器具購入代を含む）
・治療のためのマッサージ、鍼、灸
・異常が見つかり治療する場合の健康診断費
・看護師や保健師などに支払った療養上の世話の対価
・助産師による分娩の介助の対価
・介護保険制度で提供されたサービスの自己負担額
・医師の診療等を受けるための交通費
・義手、義足、義歯、補聴器などの購入費用　　　　　　　　など

【医療費控除の対象にならないもの】

・健康食品、ビタミン剤、栄養ドリンクの購入
・患者が望んだ個室入院での差額ベッド代
・疲労回復のためのマッサージ、鍼、灸
・異常が見つからず治療しない場合の健康診断費
・医師による診断書の作成費
・自家用車で通院する場合のガソリン代、駐車場代　　　　など

確定申告は
国税庁のホームページから
自宅のパソコンで申告できます!

① 入力に必要な書類の準備

所得税の医療費控除を受けるにあたっての必要書類を教えてくれます（医療控除には、「収入を証明する書類」と「医療費の明細書」の作成が必要です）。

▼

② 作成方法の選択

はじめての人は「作成開始」のアイコンをクリック。2回目以降の人は「保存データを利用して作成」をクリック。

▼

③ 税務署への提出方法の選択

「e-tax で提出」か「印刷して書面提出」か選べます。「e-tax」を選べばパソコン上で確定申告ができます。マイナンバーカード、もしくは ID とパスワードの登録が必要です。

▼

④ 作成する申告書等の選択

医療費控除の場合、所得税を選んでください。

▼

⑤ 申告書の作成

画面の案内に沿って、必要事項を記入していきます。

▼

⑥ 申告書等の提出

e-tax を使えば、申告書はデータで税務署に送られます。

 **「運動してください」と医師に
言われたら、スポーツジムの
費用も医療費控除できる！**

　高血圧症、高脂血症、糖尿病などの病気で、医師から運動療法をすすめられている人は、なんとスポーツジムの費用も医療費控除の対象になります。厚生労働省が指定した216の施設で行うことが必要で、週1回、8週間以上通えば、その金額は医療費控除の対象になります。

　確定申告の際には、ジムに「運動療法実施証明書」を作成してもらいます。そのためには主治医の「運動療法処方箋」が必要となりますので、医師に「運動してください」と言われたら、この処方箋を書いてもらえるようにお願いしましょう！

第4章
病気になった
ときに得する

運動療法の医療費控除の手順

かかりつけの医師、または指定 運動療法施設の提携医療機関 運動療法処方箋を交付	かかりつけの医師、または指定 運動療法施設の提携医療機関 実施証明書の確認書
↓	↑ ↓
指定運動療法施設、または指定 運動療法施設の提携医療機関 運動療法の実施 領収書・実施証明書を交付 助言・経過観察	税務署 所得税の申告 （利用料金の領収書、 実施証明書の提出）

Check

**病院や薬局の領収書は保管して、
12月に合計額をチェック！**

97

薬局のレシートで税金が戻る

薬局のレシートで節税できる「セルフメディケーション税制」

2017年1月から始まったこの制度。指定の医薬品のレシートをとっておき、3月までに確定申告をすれば所得税が還付されます。

対象：指定医薬品を年1万2000円以上購入した人
お手軽度：★★★☆☆
お得度：★★☆☆☆
わくわく度：★★★★★

達人レベル **3.3**

レシートの「★印」に注目しよう

「セルフメディケーション税制」とは、「スイッチOTC薬」という市販の医薬品を1月から12月までに1万2000円以上購入し、かつ会社や自治体の健康診断を受けている人が対象になります。

スイッチOTC薬のレシートには「★印」などがついており、ひと目でわかるようになっています（風邪薬や湿布薬など幅広い市販薬が指定されています）。スイッチOTC薬を1万2000円以上購入した場合、超えた額が所得から減り、結果としてその分の所得税が戻ってきます。

控除される額は最大8万8000円です。「医療費控除」との併用はできません。

―――――【セルフメディケーション税制の窓口】―――――

届出先　：税務署（確定申告）
必要書類：「確定申告書」「セルフメディケーション税制の明細書」など

Check

捨てていたレシートを、お小遣いに換える！

32

がんやうつでももらえる障害年金

ほぼすべての傷病に対応した「もらい忘れ」が多い公的年金

身体が不自由な人がもらえる年金だと勘違いしている人が多い年金。でも障害状態ならば、ほぼすべての病気で受給できます。

対象：公的年金加入者で障害の状態にある人（基本20〜64歳）
お手軽度：★★☆☆☆
お得度：★★★★☆
わくわく度：★★☆☆☆

達人レベル **2.6**

「障害者手帳」とはまったく別の制度

障害年金には、障害の認定を受けた人が、国民年金から支給される「障害基礎年金」と、厚生年金から支給される「障害厚生年金」があります。老齢年金とは異なり、20歳から64歳までの間で、何歳からでも請求することが可能（65歳以降も認められることも）。障害という言葉から、自分とは無関係だと思い込んでいる人が多く、もらい忘れの多い年金です。障害者手帳とは無関係ですので、障害者手帳を持っていなくても受給することができます。

また、精神疾患を含めた、ほぼすべての病気やケガで受給ができます。病名ではなく、日常生活で困っているかどうかが、審査の焦点になるのです。

障害年金をもらえる人の条件

障害年金は、次の3つの条件を満たせば受給できます。

①初診日に65歳未満であること

（初診日とは、障害の原因になった病気で初めて医療機関を受診した日のこと）

②年金保険料を納めている

（初診日までの３分の２以上。もしくは初診日の直近１年間満額）

③障害認定日（初診日から１年６カ月後）に障害等級に該当する

　障害等級は１級から３級にわかれており、日常生活にどれだけ支障をきたしているかが審査の焦点になってきます。

障害等級

等級	障害認定基準（障害の状態）
１級	他人の介助を受けないと、ほとんど自分の用を弁ずることができない
２級	必ずしも他人の介助を受ける必要はないが、日常生活が極めて困難で、労働による収入を得ることができない
３級	労働が著しい制限を受ける、または労働に著しい制限を加えることが必要

障害年金はいくらもらえる？

　障害年金の金額は、会社員か自営業者か、障害等級、子どもや配偶者の有無によって異なります。下記にその金額をまとめました。老齢年金と障害年金はあわせてもらうことができないため、65歳をすぎ、老齢年金の受給資格を得た人は、どちらか金額の高いほうを選択することになります。

障害年金の受給額（例）

	１級	２級	３級
自営業者（夫）（妻と子ども１人）	119万8425円（月額約10万円）	100万3600円（月額約8万4000円）	―
年収450万円の会社員（夫）（妻と子ども１人）	221万225円（月額約18万4000円）	185万7900円（月額約15万5000円）	63万円（月額約5万5000円）

┌─────────────【障害年金の窓口】─────────────┐
届出先 ：厚生年金は年金事務所、国民年金は市区町村の年金課
必要書類：年金請求書、戸籍謄本、医師の診断書、受診状況等証明書、病
歴・就労状況等申立書など
└──────────────────────────────────────┘

「書類がそろわない」
「医師が非協力」そんなときは
障害年金専門の社労士に相談を!

　障害年金の申請には、「1年半以上前の受診（初診日）を証明する
ための書類」が必要になります。初診日がずいぶん昔で、病院にカル
テが残っていない、といったこともあります。そういったときは、障
害年金専門の社会保険労務士に助けを求めるのが得策です。さまざま
な事例を経験しているので、きっとあなたの力になってくれるでしょ
う。

NPO法人障害年金支援ネットワーク

📠 0120-956-119（固定電話から）

📱 0570-028-115（携帯電話から）

┌─ Check ─────────────────────────────
病気やケガで長く困っている人、受給の検討を!
└──────────────────────────────────────

親や伴侶に介護が必要になったら…

ガマンせず早めに自治体に介護の相談

公的介護保険は、介護予防のサービスも充実しています。日常生活に困ることがあったら、要介護認定の申請をしてサービスを受けましょう。

対象：40歳以上
お手軽度：★★☆☆☆
お得度：★★★★★
わくわく度：★☆☆☆☆

達人レベル **2.6**

介護サービスを受けられる人

　40歳以上の日本人すべてに加入が義務づけられている公的介護保険。その介護サービスを受けられるのは、「65歳以上で要介護認定を受けた人」「40〜64歳で、がん、若年性認知症、関節リウマチなどの加齢に起因する特定の病気で要介護認定を受けた人」となります。

　要介護認定では、その人の状態によって「要支援1、2」と「要介護1〜5」の7段階に区分され、受けられるサービスや、毎月の自己

介護保険の自己負担額

給付の区分	要介護度	1カ月あたりの支給限度額	自己負担額（1割の場合）
予防給付	要支援1	5万30円	5003円
	要支援2	10万4730円	1万473円
介護給付	要介護1	16万6920円	1万6692円
	要介護2	19万6160円	1万9616円
	要介護3	26万9310円	2万6931円
	要介護4	30万8060円	3万806円
	要介護5	36万650円	3万6065円

負担額が異なってきます。自己負担額は収入によって、介護サービスの1割から3割と定められていますが、ほとんどの人が1割負担です。たとえば、要介護2で、サービスの限度額19万6160円を利用した場合、自己負担は1万9616円となります。

自己負担が高額になると戻ってくる「高額介護サービス制度」

自己負担額には世帯の収入によって限度額が定められています。

高額介護サービス費

	1カ月の負担の上限
現役並みの所得者相当の人がいる世帯の人	4万4400円（世帯）
世帯内に住民税を課税されている人がいる人	4万4400円（世帯）
世帯内の全員が住民税非課税	2万4600円（世帯）
福祉年金を受給している	2万4600円（世帯）
前年の合計所得金額と公的年金などの収入額の合計が年間80万円以下の人など	1万5000円（個人）
生活保護を受給している人	1万5000円（個人）

先ほどの例で、自己負担額が1万9616円だった人が、収入が80万円以下だった場合、限度額は1万5000円ですので、差額の4616円が払い戻されます。

このように介護保険では、自己負担額が最小限で介護サービスを受けることができます。「要支援1、2」に該当した人は、介護予防のリハビリなどのサービスも充実していますので申請を検討してみてください。届出先は、各市区町村の介護保険課となります。

Check

要介護度によって支給限度額が変わる

34

もしものときに備える

難病にかかったときは…
難病医療費助成制度を利用しよう

国の指定難病は 333 あります（2020年3月現在）。この制度は、指定難病によって、長期療養中の人の自己負担額を減らすためのものです。

対象：指定難病で療養中の人
お手軽度：★★★★★
お得度：★★☆☆☆
わくわく度：★☆☆☆☆

達人レベル **2.6**

潰瘍性大腸炎やパーキンソン病も指定難病

　原因不明で効果的な治療法が見つかっていない病気を難病といいます。この制度は、国が指定した 333 の難病の患者で、重症の人、直近1年間で自己負担額が 3 万 3330 円を超える月が 3 カ月以上ある人を助成するものです。約 17 万人いる潰瘍性大腸炎や、約 16 万人いるパーキンソン病も指定難病となっています。

　医療費の月の自己負担額は次の通りになります。

年収80万円以下	2500円
年収80万円以上	5000円
月収7万1000円未満	1万円
月収25万1000円未満	2万円
月収25万1000円以上	3万円

申請していない人がいれば、主治医・自治体に相談してみてください。

━━━【難病医療費助成制度の窓口】━━━

届出先　：市区町村の指定窓口（お住まいの役所にお問い合わせを）
必要書類：特定医療費支給認定申請書、指定医作成の診断書など

Check
症状が軽くても助成が受けられる場合も。必ずご相談を

35

人間ドックを安く受診する
高額の人間ドックが4万円助成される自治体も！

国民健康保険の加入者（自営業や個
人事業主の人など）は、自治体によっ
て人間ドックを格安で受診すること
ができます。

対象：40歳以上75歳未満（国保また
　　　は後期高齢者医療制度加入者）
お手軽度：★★★☆☆
お得度：★★★☆☆
わくわく度：★★★☆☆

達人レベル **3.0**

8000円〜2万円の助成が相場

「人間ドック受診助成」は、自治体によって実施していないところも
ありますが、資格についてはおおむね下記の通りです。

①40歳以上75歳未満で、国民健康保険（または後期高齢者医療制度）
の加入者

②保険料を完納している

③同じ年度内に特定健康診査（メタボ検診）を受けていない

　自治体によってはプラスの条件があるので確認してみてください。
なお助成金は、8000円〜2万円が相場です。自己負担額を1万円と
定めて、5万円の人間ドックを受けた場合は4万円の助成が出る自治
体もあります。

【人間ドック受診助成の窓口】

届出先　：自治体の医療保険課、国民健康保険課など
必要書類：人間ドック受診費助成交付申請書など

Check

自営業の健康をサポートする制度！

第4章

病気になった
ときに得する

36

ウィッグ・補正下着を安く買う
がん患者の外見上の変化をケアする
ウィッグ・補正下着購入費用助成

抗がん剤治療や乳がん手術の心理的・経済的負担を少しでも軽減し、療養生活の質を向上させるための制度です。各自治体の判断で、少しずつ広がり始めています。

対象：がん患者の人
お手軽度：★★★★★
お得度：★★☆☆☆
わくわく度：★★★☆☆

達人レベル **3.3**

外見をケアする商品購入費の一部を援助

まだ制度が整っていない自治体もありますが、秋田県・山形県・茨城県・岐阜県・福井県・島根県・山口県などで、県レベルのサポートが始まっています（全国の各市町村で、独自に制度を設けている地域もあります。制度の名称は自治体それぞれです）。

東京都港区では、ウィッグ（かつら）と胸部補整具を購入した場合、購入額の7割（もしくは3万円のいずれか）が助成されます。自治体によって金額は異なります。

東京都港区の場合	
助成対象品	ウィッグ（かつら）
助成金額	3万円、または購入経費の7割のうち、いずれか低い額
申請方法	助成金交付申請書を記入のうえ、添付書類とともに、みなと保健所健康推進課健康づくり係へ郵送

Check
がん患者の経済的負担を少しでも軽減

37

鍼・灸・マッサージを安く利用する
自治体による「鍼・灸・マッサージ施術費助成」

自治体によって助成対象はまちまち
ですが、後期高齢者、65歳以上、
介護する同居家族、身体障害者など
が助成の対象になります。

対象：**後期高齢者**（自治体による）

お手軽度：★★★★★

お得度：★★☆☆☆

わくわく度：★★☆☆☆

達人レベル **3.0**

1300円を年60回利用できる自治体も！

　対象者は自治体によって異なり、65歳以上、70歳以上、75歳以上、
国民健康保険の被保険者、所得税非課税の人など、それぞれの基準が
設けられています。1回の施術で、800円から1000円程度の助成が、
年に10回ほど出る自治体が多いです。自治体によっては、1300円を
年60回も利用できる太っ腹なところもあります。

　市区町村の高齢者支援課などで申請書を提出すれば、助成券（割引
チケット）を回数分もらえます。

【鍼・灸・マッサージ施術費助成制度の窓口】

届出先　　：自治体の高齢者支援課など

必要書類：各自治体の指定の申込書など

Check

つらい体の痛みを癒して、健康長寿を実現！

第4章
病気になった
ときに得する

38

介護用オムツを現物でもらう
紙オムツ給付及びオムツ代助成制度

在宅介護では、介護保険でまかなえない出費が毎月かさみます。特にオムツ代は、月に1万～3万円になることも。ぜひ活用したい制度です。

対象：後期高齢者（自治体による）
お手軽度：★★★★★
お得度：★★☆☆☆
わくわく度：★★☆☆☆

達人レベル **3.0**

約5000円～1万円の紙オムツを現物給付！

　要介護認定を受けている人で、オムツを常時必要とする状態が続いていて、今後もオムツが必要な人が対象となります。自治体によって基準が異なりますので、調べてみてください。約5000円～1万円分のオムツが現物支給されたり、入院中などの状況によっては現金給付されます。

　申込書ではオムツの種類やサイズを選ぶことができます。オムツは自宅まで配達してもらえます。

┏━━━━━━━━━ 助成を受ける条件 ━━━━━━━━━┓

・寝たきり状態でオムツを常時必要とする状態が2カ月以上続いており、今後もオムツの必要性がある人
・65歳以上で介護保険の認定を受けている人（要介護3～5）
・40～65歳未満の介護保険被保険者の人（要介護3～5）

┗━━━━━━━━━━━━━━━━━━━━━━━━━━━┛

※各市町村で条件が異なる場合があります

┏━━━【紙オムツ給付及びオムツ代助成制度の窓口】━━━┓

届出先　：自治体の福祉課、地域包括センターなど
必要書類：自治体指定の申込書など

┗━━━━━━━━━━━━━━━━━━━━━━━━━━━┛

知らなきゃ損！
介護保険外の得するサービス

　紙オムツの給付以外にも、生活に困る高齢者向けのサービスはたくさんあります。ここでは「マネ達」の執筆者が選んだ、特にシニアから好評のサービスを紹介しましょう。

ゴミ出し支援

後期高齢者で足腰が弱っている人のために、ゴミ出しを代行するサービス。自治体によって対象者の条件は異なりますが、基本的に無料で利用することができます。場合によっては、粗大ゴミに対応してくれることも（処理代は自己負担）。

訪問理美容サービス

美容院や床屋に行くのが難しい人を対象に、自宅に理美容師さんが来てヘアカットしてもらえるサービス。待ち時間もなく、身体に負担がかかりません。自治体によって利用回数や料金はまちまちですので、市区町村に問い合わせてみてください。

配食サービス

ひとり暮らしの高齢者の自宅に、昼食や夕食を届けてくれるサービスもあります。栄養バランスがよく、健康と食べやすさに考慮した料理を食べることができます。費用は、1食400〜500円くらいが平均です。

⇒民間業者より、自治体に頼ったほうが安上がり！

Check
介護負担を少しでも減らすことができる！

39

もしものときに備える

「生活費が足りない！」ときの無利子融資

「生活福祉資金」なら無利子で借りられる

急な大きな出費で、計画していた老後資金が不足してしまうことがあります。自治体に救済を求めれば、福祉があなたを支えてくれます。

対象：生活費に困っている人
お手軽度：★★☆☆☆
お得度：★★★☆☆
わくわく度：★☆☆☆☆

達人レベル **2.0**

銀行や消費者金融に借りるより断然お得で安心

　生活福祉資金とは、高齢者や低所得者などの世帯を対象とした公的貸付制度です。「福祉資金」「総合支援資金」「不動産担保型生活資金」など、目的別に貸付の制度が整っています。いずれも無利子あるいは低利子で借りることができます。

　消費者金融は年利18％、銀行のリバースモーゲージ（持ち家を担保にお金を借りる制度）は、年利2〜3％が相場。それを考えると、生活福祉金で融資を受けたほうがはるかにお得といえます。

■福祉資金

　住宅の改修や介護サービスの利用など、生計を維持することが目的の資金。580万円以内の「福祉費」と、緊急時に10万円を借りられる「緊急小口資金」の2つがある。年利は、0％（連帯保証人あり）、1.5％（連帯保証人なし）。

■不動産担保型生活資金

　高齢者世帯を対象に、居住用不動産（土地）を担保に生活費を借りられる資金。貸付額は土地評価額の70％程度。貸付月額は30万円以

内で、貸付限度額に達するまでの期間、もしくは契約者が亡くなるまで契約が続く。貸付終了後（もしくは死亡後）、担保の持ち家が処分され、返済に充てられる。

■ 総合支援資金

失業等で日常生活全般に困難を抱えている世帯に対して貸付を行う。要件を満たせば、年利0％（連帯保証人あり）、1.5％（連帯保証人なし）で、原則3カ月（最長で12カ月）にわたり借りられる。返済期限は10年以内。「一時生活再建費」は上限60万円、「生活支援費」は上限20万円、「住居入居費」は上限40万円を借りることができる。

この制度は、国による公的融資制度です。全国社会福祉協議会が実施主体となり、窓口は市区町村の社会福祉協議会となります。生活費がどうにもならないときは、相談してみてください。

生活福祉資金の貸付対象

低所得世帯	資金の貸付けにあわせて必要な支援を受けることにより、独立自活できると認められる世帯で、必要な資金をほかから借り受けることが困難な世帯（市町村民税非課税程度）。
障害者世帯	身体障害者手帳、療育手帳、精神障害者保健福祉手帳の交付を受けた者（障害者総合支援法によるサービスを利用しているなど、同程度と認められる者を含む）の属する世帯。
高齢者世帯	65歳以上の高齢者の属する世帯（日常生活上療養または介護を要する高齢者など）。

【生活福祉資金の窓口】

届出先：市区町村の社会福祉協議会
（連絡先がわからない場合は、都道府県の社会福祉協議会にお問い合わせください）

Check

生活費の悩みは、自治体に相談してみましょう

いざとなれば生活保護がある!

老後破産なんて日本には存在しない!

私たち日本人は、健康で文化的な最低限度の生活が保障されています。万策尽きたら、堂々と「生活保護」を受ければいいのです。

対象：年金だけで生活できない人
お手軽度：★☆☆☆☆
お得度：★★★☆☆
わくわく度：★☆☆☆☆

達人レベル **1.6**

年金だけでは生活できないあなたへ

国民年金の平均月額は5万5000円です。なかには月に2万〜3万円しかもらえない人もいます。資産がなく、病気で働けない、このままでは生きていけない、そんな悩みを抱えている人は、迷わず生活保護を申請してほしいと思います。あなたにはその権利があります。

生活保護は、「資産を持っていない」「働いても収入が足りない（働けない）」「年金やほかの手当だけでは生活できない」「親族から援助を受けられない」人が受給することができます。保護費は、都市部と地方では生活コストが異なるため、6つのランクに分類されています。

また、支給される保護費は、生活扶助基準額のほか、住宅扶助、介護扶助、医療扶助など、世帯の状況によって加算額が異なります。

生活扶助基準額（例）※自治体によって異なります

	東京都区部	地方郡部
3人世帯（33歳、29歳、4歳）	15万7170円	13万1900円
高齢者単身世帯（68歳）	7万8470円	6万4420円
高齢者夫婦世帯（68歳、65歳）	11万8800円	9万8660円
母子世帯（30歳、4歳、2歳）	18万7460円	16万160円

生活保護の大誤解！ 持ち家も、クーラーも取られません

　生活保護を受けると、「持ち家はもてない」と勘違いしている人がいますが、居住している家を売らなければならないという決まりはありません。また、2018年からは熱中症対策として、クーラーの設置も認められています。もちろん、スマホに冷蔵庫、洗濯機も保有できます。

 ウソや誤魔化しは厳禁！
つらい現状を素直に伝えよう

① 市区町村の福祉事務所に相談する

生活保護の担当者に、相談をするのが第一歩。そこで生活保護や、生活福祉資金の説明を受ける（福祉事務所のない自治体にお住まいの場合は町村役場で相談）。

② 生活保護の申請と受理

申請した場合、役所は受理を拒否することはできない
【必要書類】生活保護申請書、収入申告書、資産申告書、健康保険証、年金手帳、賃貸契約書、給与明細など。

③ ケースワーカーの調査（14日以内）

家庭訪問に加え、資産、貯金、収入、年金、援助の状況などについてケースワーカーの調査が実施される。

④ 生活保護の決定！ 支給の開始

年金などの収入が引かれた額が、保護費として毎月支給される。

生活保護申請を拒否する
「水際作戦」は違法！
解決するための方法を教えます！

「水際作戦」という言葉をご存じでしょうか？　これは、不正受給や地元の受給者数が増えることを警戒した自治体が、さまざまな理由をつけて生活保護の申請を受理しないことで、現在、社会問題となっています。

　これは明らかに違法です。生活保護を申請することは私たちの権利ですので、もしあなたが生活保護の申請をしたいのに断られてしまっていたら、弁護士に相談し、同行してもらうことをオススメします。

　同行してもらう場合、法テラス（日本司法支援センター）の援助制度を利用できますので、原則弁護士費用はかかりません。お困りの人は、法テラス（☎0570-078-374）に相談してみてください。

Check

「生活保護があるから大丈夫」を心のお守りに！

41

カシコイ住み方！

家を買うなら
2021年の年末までに！

住宅ローン控除で節税

マイホーム取得やリフォームのため
住宅ローンを使う人は、年末時点の
ローン残高に応じて所得税が還付さ
れます。1年目は確定申告が必要です。

対象：住宅ローンの返済期間が10年以上
お手軽度：★★★★★
お得度：★★★☆☆
わくわく度：★★★☆☆

達人レベル **3.6**

2021年12月31日までに住み始めた人が対象

　住宅ローン控除（住宅借入金等特別控除）は、マイホームの購入や
省エネやバリアフリーのためのリフォームでローンを組んで返済中の
人が、年末のローン残高に応じて所得税や住民税が戻ってくる制度で
す。1年目のみ確定申告が必要ですが、2年目以降は年末調整によっ
て税金が還付されます。

　ローン返済期間が10年以上、床面積が50平方メートル以上、新築
または耐震機能がある築20年以内の中古物件である必要があります。
2021年12月31日までに住み始めた人が対象となります。

10年間、ローン残高の約1％の税金が還付される

　住宅ローン控除では、「年末のローン残高の1％」より所得税が多
かった場合、確定申告によって納めた所得税が全額戻ってきます。逆
に所得税が少なかった場合は、所得税から控除できなかった分を翌年
の住民税から控除してもらえます。一般住宅の控除額の上限は年間
40万円、耐震性や省エネなどの基準を満たした認定住宅（長期優良
住宅）の場合は年間50万円となります。控除される期間は最長10年
です。

第5章
住宅で得する

なお消費増税にともない、2019年10月1日〜2020年12月31日までに新居に入居した場合に限り、控除期間は13年間に延長されます。

住宅ローン控除の控除額

	1年間の控除額の上限	10年間での最大控除額
一般住宅	40万円	400万円
認定住宅（長期優良住宅）	50万円	500万円

2014年1月1日〜2021年12月31日までに住み始めた人は ――

年末の住宅ローン残高×1％（最高40万円）より所得税が多い		納めた所得税が全額還付される
年末の住宅ローン残高×1％（最高40万円）より所得税が少ない		所得税から控除しきれなかった分を翌年の住民税から控除（最高13万6500円）

【住宅ローン控除の窓口】

届出先　：税務署に確定申告（2年目以降は年末調整）
必要書類：確定申告書A、住宅借入金等特別控除額の計算明細書、源泉徴収票、住宅ローンの借入金残高証明書、登記事項証明書など（詳しくは税務署まで）

Check

所得税がほぼゼロになるケースも！

住宅購入による消費税負担を減らす

最大50万円の「すまい給付金」

消費税率引き上げによる、住宅購入者の負担を軽減する制度です。収入に応じて、最大で50万円が給付されます。

対象：これからマイホームを買う人
お手軽度：★★☆☆☆
お得度：★☆☆☆☆
わくわく度：★★★☆☆

達人レベル **2.0**

すまい給付金が給付される条件

　マイホームを購入した人で、5年以上の住宅ローンを組んだか、50歳以上でローンを使わず現金購入した人が対象になります。床面積が50平方メートル以上の家で、収入が775万円以下であることが条件です（現金購入者は650万円以下）。2021年12月31日までに、その家に居住している必要があります。

すまい給付金の給付額

収入の目安	都道府県民税の所得割額	給付基礎額
450万円以下	7万6000円以下	50万円
450万円〜525万円以下	7万6000円〜9万7900円以下	40万円
525万円〜600万円以下	9万7900円〜11万9000円以下	30万円
600万円〜675万円以下	11万9000円〜14万600円以下	20万円
675万円〜775万円以下	14万600円〜17万2600円以下	10万円

【すまい給付金の窓口】

届出先　：すまい給付金事務局（国土交通省）※郵送でも対応可
必要書類：給付申請書、不動産登記における建物の登記事項証明書・謄本・
　　　　　非課税証明書、ほか（詳しくは「すまい給付金」HPを要確認）

第5章
住宅で得する

Check

あくまでも消費税率引き上げの負担を減らす制度のため、消費税の課税がない中古物件の個人間売買は該当しません

リフォーム代で得する

自治体による「住宅リフォーム助成」

終のすみかをマイホームに決め、リ
フォームを考える人は多い。自治体が
設けているさまざまな支援制度をまと
めて紹介します。

対象：持ち家のある人
お手軽度：★★☆☆☆
お得度：★★☆☆☆
わくわく度：★★★☆☆

達人レベル **2.3**

工事費用の5～10%が出る住宅リフォーム助成

　多くの自治体で、マイホームをリフォームする際に費用を助成する
制度を設けています。バリアフリーや防犯・防災対策工事など、工事
内容によって助成額は異なります。工事費用の5～10%（上限額10
万～30万円）が平均的な助成額です。

　受ける場合は、地元の業者に工事を依頼することが条件になってい
ます。先に工事を始めると対象にならないおそれがありますので、ま
ずは自治体に制度の有無を問い合わせてみましょう。

耐震診断費助成・耐震補強工事費助成

　1981年5月31日以前に着工された旧耐震基準の住宅については、
耐震診断の費用や補強工事の費用の助成が行われています。自治体に
よっては、耐震診断士が耐震診断を無料で行ってくれる場合もありま
す。助成の金額は工事の規模によりますが、50万～100万円を上限
にしている自治体が多いようです。

住宅特定改修特別税額控除・住宅耐震改修特別控除

　バリアフリー工事、省エネ工事、耐震工事などのリフォーム工事にかかった費用の一部が、所得税から控除される制度もあります。こちらは費用が 50 万円超であること、2021 年 12 月 31 日までに居住しているなどの要件があります。バリアフリー改修工事の標準的な費用は 200 万円ほどですが、その 10％が控除額となり、所得税の負担が軽くなります。

　また、旧耐震基準のマイホームの耐震改修工事の費用についても、かかった費用の 10％を所得税控除できます。いずれも税務署での確定申告が必要です。

【住宅リフォーム助成・耐震診断費助成・耐震補強工事費助成の窓口】

届出先　：お住まいの自治体に問い合わせ
必要書類：指定の申請書、工事見積書など

【住宅特定改修特別税額控除・住宅耐震改修特別控除】

届出先　：税務署（確定申告）
必要書類：確定申告書A、住宅特定改修特別税額控除額（住宅耐震改修特別控除額）の計算明細書、増改築等工事証明書など

Check
工事を始める前に、自治体に相談するとお得！

我が家に緑を増やして得する

生垣助成・花壇助成・シンボルツリー助成・屋上緑化助成

ヒートアイランド対策、また、地震で倒壊する可能性のあるブロック塀対策で、生垣などを造成する際、助成金を出す自治体が増えています。

対象：持ち家のある人
お手軽度：★★☆☆☆
お得度：★★☆☆☆
わくわく度：★★☆☆☆

達人レベル **2.0**

自治体が後押しするマイホームの緑化

　生垣などを作る計画があれば、自治体から援助を得られる可能性があります。

生垣助成（東京都大田区／ブロック塀を壊して造成する場合）	1メートルあたり1万6000円まで
花壇設置助成（千葉県市川市）	15万円まで
シンボルツリー助成（東京都世田谷区）	中木1本1万2000円まで
屋上緑化（東京都新宿区）	30万円まで
壁面緑化（東京都新宿区）	10万円まで

【生垣助成などの窓口】

届出先：お住まいの自治体にお問い合わせ

Check

終のすみかを緑で彩ろう！

死ぬまで返さなくていいローン
家に住み続けてお金を借りる「リバースモーゲージ」

自宅を担保に、銀行がお金を貸し続けてくれるローンがあります。生前はお金を返す必要がなく、死亡後に家を引き渡して精算します。

対象：55歳以上の持ち家がある人
お手軽度：★★☆☆☆
お得度：★★★★☆
わくわく度：★★★☆☆

達人レベル **3.0**

貯金が少ない！けれど家は持っているあなたへ

　リバースモーゲージとは、銀行などの金融機関が家を担保にお金を貸し続けてくれ、生前はお金を返す必要がない制度。そのかわり本人の死後に、担保になった家を引き渡してチャラになります。

　この制度はお金を借りながら、しかも住み慣れた家に住み続けることができるため、老後資金が不足している人には活用をオススメします。もちろん最終的には家を手放すことになるので、相続する家族の同意が必要です。

　借入金の上限は、自宅（土地）の評価額によって決まります。だいたい評価額の50〜70％が目安です。年金のように毎月少額を受け取ったり、まとまった金額を一括で受け取ることもできます。

リバースモーゲージの３つのリスクを念頭に

　「こんな素晴らしい制度はない！」と思いきや、注意しなければならないことが３つあります。

　１つ目は、「長生きリスク」です。リバースモーゲージはあらかじめ契約期間が定められているものが多く、契約期間以上に長生きしてしまったら、その時点で家を手放すか、家を売って残りの借金を返さ

第5章
住宅で得する

リバースモーゲージのしくみ

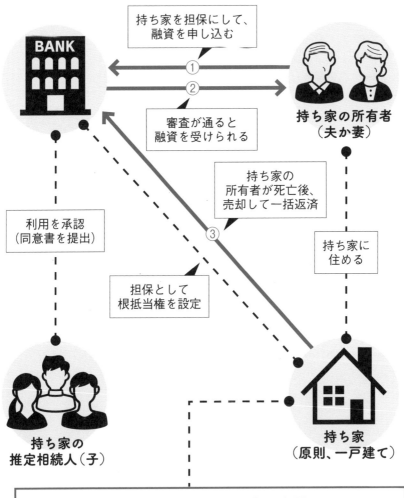

持ち家を担保にして、融資を申し込む

① BANK ←

② →

審査が通ると融資を受けられる

持ち家の所有者（夫か妻）

持ち家の所有者が死亡後、売却して一括返済

③

持ち家に住める

利用を承認（同意書を提出）

担保として根抵当権を設定

持ち家の推定相続人（子）

持ち家（原則、一戸建て）

持ち家には一定の評価額が必要
融資限度額は担保となる持ち家の評価額の 50 〜 70％が目安。融資額が1000万円の場合、2000万円以上の評価額が必要になる

なければなりません。60歳で20年契約し、80歳で家を手放すというのは、なかなか大変なことだと思います。そのため運用開始の時期と、長生きした場合のこともよく考えて契約したほうがいいでしょう。

2つ目は、「土地価格の下落リスク」です。リバースモーゲージは、土地の評価で融資額が決まるのですが、契約期間中に地価が下落してしまった場合、融資額が予定よりも下がってしまう可能性があります。

3つ目は、「金利上昇のリスク」です。返さなくていいとはいえ、借金ですので、金利が上昇すれば、そのぶん借りられるお金が少なくなってしまいます。

以上を鑑み、「持ち家は不要だ」と思える人ならば、リバースモーゲージを使わず、家を売却してしまったほうが得策でしょう。

━━━━━【リバースモーゲージの窓口】━━━━━

届出先：全国の都市銀行・地方銀行・信用金庫などで取り扱いがあります。条件や融資額が異なりますので、詳しくは各窓口でご相談を。

Check

住み慣れた家に住み続けたい人は活用しよう！

持ち家を売る・貸す

「売る場合」と「貸す場合」の メリットとデメリットを検証する

移住を決めた人で、持ち家（一戸建て・マンション）がある人は、売ったほうがいいのか、貸したほうがいいのか。得するのはどっち？

対象：	持ち家がある人
お手軽度：	★★☆☆☆
お得度：	★★☆☆☆
わくわく度：	★★☆☆☆

達人レベル **2.0**

「持ち家を売る」メリットとデメリット

　家を売るメリットは、ずばり大金が入ること。今後は空き家が増えていくので、売るとすれば早いほうが得する可能性が大。デメリットは、住宅ローンが残っていた場合、移住先の家賃とあわせて二重でお金がかかることや、長い老後を賃貸で暮らす不安感などがあげられます。売却を決めた際は、次の特例を利用して、税金で得をしましょう。

　●**マイホームを売ったときの特例**（マイホームを売ったとき、最大3000万円分の所得税が控除される。住まなくなった自宅でも3年以内に売却すれば特例の対象となる。手続き：税務署に確定申告）。

　●**空き家を売ったときの特例**（亡くなった親が住んでいた空き家を売ったときなど、最大3000万円分の所得税が控除される。手続き：税務署に確定申告。2023年12月31日までの特例）。

「持ち家を貸す」メリットとデメリット

　メリットは、貸すことで家賃収入を得られることです。老後の定期収入になります。デメリットは、固定資産税や維持費が定期的にかかること、空室が続いた場合、ただの負債になってしまうことです。時間がたつにつれて資産価値も落ちてしまいます。

あなたの家はいくらで売れる？いくらで貸せる？ インターネットで調べてシミュレーションしてみよう！

【いくらで売れるか調べる】

　国土交通省のサイトに、「不動産取引価格情報検索（http://www.land.mlit.go.jp/webland/servlet/MainServlet）」というページがあります。ここでは、日本全国で取引があった土地や家屋の取引価格を調べることができます。自宅近辺をチェックしてみれば、だいたいの相場がわかります。

　また「アットホーム（https://www.athome.co.jp/）」などの不動産情報サイトでも、売り出し価格や貸し出し価格が調べられますので、近所の相場を確認してみてください（ただし、実際の価格は売り出し価格より1〜2割安くなります）。これらの情報から、あなたの持ち家がだいたいどれくらいで売れるか確認することができます。

【いくらで貸せるか調べる】

　あなたの家（部屋）がどれくらいの賃料で貸せるかも、不動産情報サイトで調べることができます。

　また、ライフルホームズの「見える！賃貸経営（https://toushi.homes.co.jp/owner/）」を利用すれば、地域の空き室率、賃貸需要の状況、価格動向まで調べることができます。すると、賃貸にしても空き家になる可能性が高いなど、より詳しい情報が得られます。

⇒情報収集をしてから、売買か賃貸の判断を下しましょう！

Check
空き室率が多い地域での不動産投資は危険！

カシコイ住み方!

子どもの近くに住み、家賃を下げる

近居割・近居割 WIDE・同居近居支援

引っ越しをするなら、子どもと同居したり、親族の近くに住むのがお得。自治体や UR 都市機構から助成を受けられることも!

対象：60歳以上で賃貸住まいの人
お手軽度：★★☆☆☆
お得度：★★★☆☆
わくわく度：★★★★★

達人レベル **3.3**

UR賃貸住宅の「近居割」「近居割 WIDE」

　半径2キロ以内の UR 賃貸住宅の物件に、親族2世帯が近居した場合、両世帯の家賃が5%（5年間）減額されます。このサービスを近居割といいます。ただし、親族2世帯のなかには、「高齢者世帯（60歳以上の人がいる）」か「子育て世帯（18歳未満の子、または、孫、甥、姪を扶養している）」のどちらかの世帯がある必要があります。

　また、片方の世帯が UR 賃貸住宅ではなくても、もう片方の世帯が指定するエリアの UR 賃貸住宅に近居した場合も、家賃は5%（5年間）減額されるサービスもあります（近居割WIDE）。親族の近くに引っ越す予定のある人は、利用価値があるでしょう。

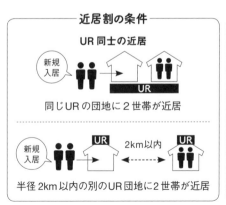

近居割の条件

UR 同士の近居

新規入居

同じURの団地に2世帯が近居

新規入居　2km以内

半径2km以内の別のUR団地に2世帯が近居

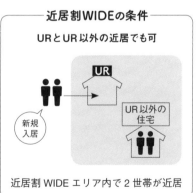

近居割WIDEの条件

URとUR以外の近居でも可

新規入居

UR以外の住宅

近居割 WIDE エリア内で2世帯が近居

自治体も「同居・近居支援」を進めている

　自治体も親世代と子世代の同居や近居を推進しようと、支援制度を設けています。たとえば千葉県松戸市の場合は、同居のために住宅を取得した場合75万円、近居のために親世帯から2キロ以内に住宅を取得した場合50万円の支援金が出ます。さらに市外からの転入の場合は25万円が加算されます。

　各自治体によって、対象者や支給の要件・金額は異なりますので、詳しくはお住まいの自治体にお問い合わせください。

```
―――――【近居割・近居割 WIDE の窓口】―――――
届出先：お近くのUR営業センター・賃貸ショップで相談・申込
```

```
―――――【同居・近居支援の窓口】―――――
届出先：お住まいの自治体
```

Check
同居がムリなら近居がある!
子どもの近くに住めば何かと安心!

家賃助成のある地方に移住する
格安で買える・借りられる制度多数

物価の安い地方暮らしを考えている人は自治体の助成制度を活用しましょう。「マネ達」編集部が厳選した2020年の最新情報を紹介！

対象：移住を考えている人
お手軽度：★★★☆☆
お得度：★★★★☆
わくわく度：★★★★☆

達人レベル **3.6**

家を借りて得する！

　人口減が課題の地方では、家賃を助成することで都市部からの移住を促進する制度が増えています。下記は賃貸での助成の一例です。

兵庫県洲本市：	特定公共賃貸住宅の入居者で3カ月以上居住した場合、月に最大3万6000円助成
大分県豊後高田市：	移住希望者に家賃補助4万8000円
新潟県小千谷市：	民間賃貸住宅居住者を対象に家賃補助2万円
福岡県添田町：	新築一戸建て住宅が家賃3万5000円

家を買って得する！

　思い切って家を購入する場合も助成されることがあります。

北海道標津町：	新築購入最大300万円補助、中古購入100万円補助
岡山県鏡野町：	20年住んだら定住促進住宅無料譲渡
熊本県玉名市：	138坪の分譲地が321万円
鹿児島県薩摩川内市：	定住用の家を購入したら最大250万円補助

空き家をリフォームして得する!

空き家を改修して住む人にも助成金がおります。

山形県遊佐町	空き家バンク登録物件を町が最大350万円かけてリフォームして提供
宮崎県日南市	居住用の空き家購入で最大180万円補助
佐賀県鹿島市	重要伝統的建造物群地区内の空き町屋の改修費を最大200万円補助
鳥取県岩美町	住宅修繕費用を最大200万円助成

※「一般社団法人 移住・交流促進機構」のHPを参照しました。最新情報は、各自治体にお問い合わせください。

空き家バンクのサイトで格安物件を探し出そう!

LIFULL HOME'S 空き家バンク（https://www.homes.co.jp/akiyabank/）というサイトでは、全国の地方自治体が管理する空き家を見つけることができます。農地付きの空き家や店舗付きの空き家など、お目当ての物件をピンポイントで探し出すことができます。都会では考えられないような間取りの家を格安で借りられたり、購入できるので、地方移住をお考えの人はぜひ活用してみてください。

Check
選択肢を全国に広げれば、シニアライフの可能性も広がる!

日本一「お金がかからない」町は？

「マネ達」編集部が徹底調査！

家賃に国保、住民税に、光熱費など、支出を最小限に抑えられる自治体はどこなのか調べてみました。栄えある総合1位は!?

対象：誰でも
お手軽度：★★☆☆☆
お得度：★★★☆☆
わくわく度：★★★★★

達人レベル **3.3**

家賃──2万円台は東京にもある

　家賃は物件によって日本全国、どこにでも安いものが見つかります。立地上の不便さ、築年数、設備を一切考慮しなければ、こんな格安物件も！

東京都あきるの市：2万7000円（1K）

京都府京都市：1万3000円（1R）

青森県むつ市：1万5000円（1K）

北海道函館市：1万5000円（1K）

国民健康保険料（介護保険料込み） ──年間15万円の地域差も

　国民健康保険の値段は年間7万〜10万円程度が平均。東京23区は全国的に高く、特に千代田区は年間15万5459円と高額。秋田県の大潟村も19万3861円と高額。一方、長野県、高知県、鹿児島県、沖縄県は全体的に安く、4万〜5万円代の自治体もあります。

北海道小樽市	：5万7645円
山梨県丹波山村	：5万7707円
長野県売木村	：5万4318円
長野県根羽村	：5万57円
長野県大鹿村	：3万9344円
愛知県豊根村	：5万6234円
和歌山県北山村	：5万9881円
高知県大川村	：5万1472円
熊本県水俣市	：5万4027円
鹿児島県伊仙町	：4万4436円
沖縄県伊平屋村	：4万1627円
沖縄県粟国村	：4万4893円

東京都昭島市	：1803 円
東京都大島町	：3947 円
神奈川県中井町	：1458 円
神奈川県松田町	：1458 円
山梨県富士河口湖町	：1057 円
愛知県犬山市	：1452 円
埼玉県嵐山町	：1863 円
兵庫県赤穂市	： 961 円
和歌山県白浜町	：1070 円

水道代——1000円を切る自治体も！

　自由化された電気やガスに比べて地域差が生じるのが水道代。地域によって月額6000円以上の違いも。日本一水道代が高いのは、埼玉県寄居町の月額7695円。

高齢者を「お金」で助ける地域はここだ！勝手にランキング・ベスト3

　あくまで「お金」という視点をメインに、高齢者が移住して安く楽しく暮らせそうな町を「マネ達」編集部が選んでみました。

第1位
沖縄県金武町

家賃：4.7万円（2LDK）、国保料：6万2406円（年）、水道代：1600円（月）
人気の移住先の沖縄。那覇市から車で約80分。タコライス発祥の地でもあります。国保料・水道代ともに安く、オーシャンビューの物件でこの価格です。

第2位
北海道函館市

家賃：4万円（2LDK）、国保料：8万5661円（年）、水道代：2358円（月）
家賃の安さが最大の魅力。おいしい食べ物と観光名所も充実しています。北海道のほかの地域に比べて雪は少なく過ごしやすく、水道代も北海道の中では格安です。

第3位
東京都府中市

家賃：7万円（2K）、国保料：7万4220円（年）、水道代：2710円（月）
23区ほど家賃は高くなく、それでいて交通アクセスも◎。競馬場など娯楽施設も充実しています。自然の多い地域にもすぐ出られるので、アウトドア派にもオススメ。

Check
安く暮らせて楽しめる、あなた好みの移住先へ！

50

東京圏から脱出する
移住支援金・起業支援金

就職もしくは起業が条件であるものの、東京23区在住者・通勤者には、地方移住によって最大300万円が支援されます。

対象：東京23区在住者・通勤者
お手軽度：★★☆☆☆
お得度：★★★★☆
わくわく度：★★★★★

達人レベル **3.6**

移住して就職したら最大100万円

「移住支援金」は、東京23区に直近5年以上在住もしくは通勤している人が、移住支援事業を実施する道府県・市町村に移住し、対象の求人に新規就業した人がもらえます。夫婦で移住の場合は100万円、単身者の場合は60万円です。

　内閣府が運営する「みんなで育てる地域のチカラ　地方創生」というホームページのマッチングサイト（https://www.kantei.go.jp/jp/singi/sousei/index.html）で、移住支援金の対象となる全国の求人を見ることができます。ここの求人に就職して移住すれば、移住支援金がもらえるわけです。

起業したら最大200万円

　また、最大200万円の支援を受けられる「起業支援金」もあります。これは地方創生を実現することを目的とした起業を対象にした支援金です。公募が開始されて申し込むと、執行団体により事業計画が審査され、交付が決定。その後、起業する流れです。起業地の道府県内に居住しているか、居住する予定があることが条件になっています。

　移住支援金と起業支援金は、2019年から6年間を目途に実施される予定。地方移住とシニア起業を目指す人は活用しない手はありません。

「移住支援金」交付までの流れ

①

求人マッチングサイトに掲載された企業に就職する

内閣府の「みんなで育てる地域のチカラ 地方創生」から、全国のマッチングサイトにアクセスできます。まずは、就職を果たす必要があります。

▼

②

移住支援金交付対象者登録申請

就業した日から３カ月以内に申請します。必要書類は、「移住支援金交付対象者登録申請書」「個人情報の取り扱いにかかる同意書」ほか移住先の市町村が指定する書類。

▼

③

移住支援金交付申請

交付対象者として登録された人が、就業先企業に連続して３カ月以上在職後、転入から１年以内に、必要書類を移住先市町村に提出する。
必要書類：「移住支援金交付申請書兼実績報告書」「誓約書」「住民票」など。

夫婦で「移住」&「起業」で最大300万円ゲット！

「移住支援金」と「起業支援金」は同時にもらうことが可能です。夫婦だと300万円、単身者は260万円もらえます。「起業支援金」は「起業地の都道府県内に居住しているか、居住する予定がある」ことが条件になっているので、両方もらうのは難しいかと思いきや、内閣官房が出しているパンフレットにも「最大300万円」と記されています。

詳細は移住希望の道府県、市町村に必ず問い合わせてください。

─ Check ─
地方で元気に働く老後はいかが？

安い老人ホームに入る
安くてサービスがいい高齢者向け住宅に入居するためのコツ

介護サービスもある公的施設の代表「特別養護老人ホーム」に、安く入居するためにはどうしたらいいか伝授します。

対象：介護が必要な人
お手軽度：★☆☆☆☆
お得度：★★☆☆☆
わくわく度：★☆☆☆☆

達人レベル **1.3**

老人ホームにかかる費用はどのくらい？

　老人ホームといっても、公的施設か民間施設、受け入れる要介護度、提供するサービスなどによって、さまざまな種類があります。一覧を右ページにまとめました。終のすみかに施設を選ばれる人は、早めにどんな施設があるのか知っておくといいでしょう。

　老人ホームに入るには「入居一時金」と「月額使用料」を支払う必要があります。民間の有料老人ホームには、入居一時金が数百万円もする施設があります。

　そのため人気なのは公的施設である「特別養護老人ホーム（特養）」です。特養は入居一時金がなく、月額利用料も6万～15万円程度に収まります。自治体などが運営する「ケアハウス」も月額費用を安く抑えられます。

　民間施設には「サービス付き高齢者向け住宅」や「介護付き有料老人ホーム」など、目的に応じたさまざまな施設があります。これらは入居一時金が必要になるところが多く、月額費用は特養の2倍近くかかります。それゆえ現在、特養は入居待ちの人が殺到しているのです。

介護施設

	対象年齢	要介護度	提供サービス	月額費用の目安
特別養護老人ホーム（特養）	原則65歳以上	要介護3以上	介護	6万〜15万円
介護付き有料老人ホーム	主に60歳以上	自立〜要介護5	介護、医療処置	15万〜50万円
介護老人保健施設（老健）／介護療養型保健施設（新型老健）	原則65歳以上	要介護1以上	介護、リハビリ、医療処置	7万〜20万円
介護療養型医療施設（介護療養病床）	原則65歳以上	要介護1以上	介護、リハビリ、医療処置	9万〜17万円
介護医療院	原則65歳以上	要介護1以上	介護、リハビリ、医療処置	7万〜24万円
認知症高齢者グループホーム（グループホーム）	原則65歳以上	要介護1、もしくは2以上	介護	15万〜20万円
ケアハウス（介護型）	原則60歳以上	要介護1以上	介護	16万〜20万円

高齢者向け住宅

	対象年齢	要介護度	提供サービス	月額費用の目安
ケアハウス（一般型）	原則60歳以上	自立〜軽介護	見守り、生活支援	7万〜13万円
サービス付き高齢者向け住宅（サ高住）	主に60歳以上	自立〜要介護5	見守り、生活支援、介護	10万〜30万円
シルバーハウジング（シルバーピア）	主に60歳以上	自立〜軽介護	見守り、生活支援	1万〜13万円
住宅型有料老人ホーム	原則60歳以上	自立〜軽介護	生活支援	12万〜30万円
高齢者向け地域優良賃貸住宅（地域優良賃貸住宅 高齢者型）	60歳以上	自立〜軽介護	緊急通報	6万〜20万円
シニア向け分譲マンション	不問	自立〜軽介護	見守り	10万〜30万円
高齢者向けシェアハウス（グループリビング）	主に65歳以上	自立〜軽介護	特になし	6万〜20万円

特別養護老人ホームに入るための条件

　特養には、「要介護3以上で、感染症などの医療処置が必要ない65歳以上の人」「要介護3以上で、特定疾患（がんやリウマチなど）を持つ40～64歳までの人」「要介護1～2で、特例による入居が認められた人」が入居できます。特例とは、「事情により家族や地域の介護サービスが手薄になる」などの事情です。

特別養護老人ホームに入居するコツ！

❶ 市町村・県をまたいで複数の特養に申し込む

特養はどこで何件申し込んでも問題ありません。地元以外に、他の市町村・他の都道府県までエリアを広げて、重複して申し込みましょう。入居できる可能性が高まります。

❷ 申込書に詳細に記入する

特養の入所申込書には特記欄があり、自由に書き込めます。ここに入居の緊急度、経済的問題を切実に、詳しく訴えてください。施設はこの欄もチェックしています。

❸ 全室個室の「ユニット型」に申し込む

ユニット型は、相部屋よりも月に4万～5万円加算されますが、それでも民間の有料老人ホームより費用を抑えられます。また、ユニット型なら入居待ちがない場合があります。現在入居待ちのご家族は問い合わせてみてください。

Check
介護は先の話と考えずに、早めの情報リサーチを！

52

海外に移住する

物価の安い海外に移住して
セレブな生活を送るためのポイント

老後に日本より物価の安い東南アジア諸国に移住する人が増えています。海外移住の具体的な進め方とお金のメリットを紹介！

対象：セカンドライフを満喫したい人
お手軽度：★☆☆☆☆
お得度：★★★☆☆
わくわく度：★★★★★

達人レベル **3.0**

生活費で選ぶなら東南アジアが断然オススメ！

　海外移住はお金持ちの人がすること、なんていうのは大昔の話。現在は退職後に日本を飛び出して優雅な生活を送っている年金生活者が数多くいます。

　なかでも人気なのは、マレーシア、フィリピン、タイといった東南アジア諸国。とにかく物価が安いです。タクシーの初乗り運賃は50〜150円、バスは20円くらいで乗れます。また5万円程度の家賃で、高級な部類のコンドミニアム（マンション）に住むことができ、プールやジムも完備。日本人に人気のスポットは治安も悪くありません。

　毎月の生活費は家賃を含め、夫婦で15万円もあれば充分でしょう。年金を20万円もらえる人なら、東南アジアではセレブ生活を送れるのです。

東南アジアは長期滞在ビザが取りやすい！

　海外移住にはビザが必要となりますが、東南アジア諸国は長期滞在用のリタイアメントビザの取得が比較的簡単です。リタイアメントビザの取得にはお金を預ける必要があります。フィリピンの場合、35歳から49歳までは5万ドル（約550万円）必要になりますが、50歳以上で年金受給なしの人は2万ドル（約220万円）、年金受給ありな

第5章
住宅で得する

ら1万ドル（約110万円）で、長期滞在ビザを取得できます。

　しかもこの預金は、リタイアメント制度を解除して帰国すれば返金されますので、実質わずかな手数料だけで海外移住できてしまうわけです。フィリピン以外の国も同様に、年金受給者が長期滞在できやすい制度が整っています。

年金・健康保険・日本の自宅はどうする？

　海外に移住しても、日本の公的年金は通常どおり受給できます。しかし、60歳前でまだ保険料を納付している人は、海外移住時は未納扱いになるため任意加入の手続きが必要です。

　国民健康保険は脱退しなければなりません。そのため、現地の民間医療保険に入る必要があります。また、生命保険に加入している人は、保険の種類によって海外でも医療保障される場合がありますので、保険会社に問い合わせてみてください。

　日本に持ち家がある人は、すぐに売却せず、可能ならば賃貸で貸し出すのが安全です。1年以上海外生活を試してから売却の手続きをしても遅くないでしょう。

退職金をもらう年の12月までに移住すれば住民税ゼロ！

★1月1日に日本に住民票がなければ、住民税を払わなくてOK！

　住民税は1月1日時点の居住地に、所得に応じて支払うもの。ですからその前年に海外への転出手続きをして住民票がなくなれば、住民税は支払わなくても大丈夫になります。

　実際、この方法で、退職金という大きな所得によって発生する住民税を節税している人もいます。大きな所得があり、1年以上海外に在住する人は、この裏ワザが使えます。

海外移住の基本的な流れ

「そうだ！海外移住をしよう」と決意したら、
遅くても3カ月前から準備を始めよう！

①
オフシーズンの下見・情報収集

旅行中に大好きになった地域でも、オフシーズンだと違った一面が見られます。また、インターネットなどで現地の情報をできるだけ集めておくと、いざというとき安心です。

▼

②
健康診断・歯科検診

健康診断の結果は英文に。また歯科は保険適用外の国が多いので、日本で済ませておきましょう。

▼

③
引っ越しの準備（国際郵送方法の確認）

郵便局の国際郵便のほかに、引っ越し業者による国際宅配便や船便があります。極力最小限の荷物だけ持っていき、不用品はこの機会に処分しましょう。

▼

④
ビザの取得

移住先の大使館へ必要書類を準備して申請をしてください。

▼

⑤
一時滞在先の予約・航空券の予約

まだ移住先の物件が決まっていない場合、一時滞在先のホテルを予約しておきましょう。

▼

⑥
郵便物・銀行・保険などの各種住所変更・解約

郵便の海外転送はできないので、転送先は家族や知人の住所にしてください。この機会に必要ない銀行口座や保険は解約してしまいましょう。水道、ガス、電気も解約します。

▼

⑦
役所に転出手続き

住所が未定の場合、滞在する国名を記載するだけで大丈夫です。国民健康保険は喪失することになります。

▼

⑧
年金事務所で手続き

海外移住の旨を伝えます。年金の請求・受給がまだの人は、受給の手続きをしてください。

※生活状況によって手続きすべきことは、人により異なります。早めに充分なリサーチをしておきましょう。

第5章

住宅で得する

Check
海外移住の手続きや準備は大変。でもお金のメリットは大！

53 万が一、災害で家が壊れたら…

被災者生活再建支援制度

地震、暴風、豪雨、洪水、高潮、津波といった自然災害により、自宅や家財に大きな被害を受けた人には、最大300万円が支給されます。

対象：自然災害の被災者
お手軽度：★★★☆☆
お得度：★★★★☆
わくわく度：★☆☆☆☆

達人レベル **2.6**

民間の保険に頼らずとも、最低限の生活が保障される

10世帯以上の住宅全壊被害が発生した自然災害によって、持ち家、賃貸にかかわらず、住まいが以下の状態になった人は、「被災者生活再建支援制度」を利用できます。

- 住宅が全壊した世帯
- 住宅が半壊（または敷地に被害があり、住宅を解体した世帯）
- 危険で居住不能な状態が長期間続いている世帯
- 大規模な補修をしなければ居住が困難な世帯

被害の程度に応じた「基礎支援金」（13カ月以内に申請）、家を再建する人にはさらに「加算支援金」（37カ月以内に申請）が支給されます。自治体に申し出たのち、調査員が現場を調査し、り災証明書を発行。それに応じて支援金が決まることになります。

被災者生活再建支援制度による支給額

基礎支援金

	全壊・解体・長期避難	大規模半壊
支給額	100万円	50万円

加算支援金

	建設・購入	補修	賃借
支給額	200万円	100万円	50万円

自治体によっては災害時の貸付制度も

　災害救助法が適用された市区町村（内閣府のホームページ参照）では、災害により世帯主が負傷したり、住宅や家財が大きな被害を受けた場合に、生活を再建する資金として「災害援護資金」を借りることができます。ただし前年の世帯の総所得によって融資の制限があります。

　世帯主が1カ月以上の負傷をし、住居が全壊した場合、350万円が貸付限度額。返済期間は10年となります。

災害援護資金の限度額

	世帯主が1カ月以上の負傷あり	世帯主が1カ月以上の負傷なし
負傷のみ	150万円	―
家財の1/3以上が損害	250万円	150万円
住居の半壊	270万円	170万円
住居の全壊	350万円	250万円
住居全体の滅失または流失	―	350万円

【被災者生活再建支援制度・災害援護資金の窓口】
届出先：お住まいの自治体

Check

支援金の使い道に制限はありません

54

NHK受信料が免除になる？
払わなくていいのに、払っていませんか？

地上契約で2210円、衛星契約で4460円を2カ月に一度支払うNHK受信料。実は免除制度があることはあまり知られていません。

対象：障害者手帳を
　　　持つ人がいる世帯など
お手軽度：★★★☆☆
お得度：★★★☆☆
わくわく度：★★★★★

達人レベル **3.6**

どんな人が受信料を免除されるのか？

　NHKの受信料が全額免除される一例として、「障害者手帳を持つ人がいる世帯で、世帯全員が住民税非課税」という条件があります。

　また、「重度の障害者手帳（1〜2級）を持つ人が、世帯主かつ受信契約者の場合」は半額免除されます（視覚障害、聴覚障害の場合は重度でなくても可）。

　高齢世帯では、持病などで障害者手帳（身体、知的、精神、いずれでも可）をお持ちの場合もあるでしょう。そして年金収入だけで暮らしている世帯は、住民税が非課税である世帯が少なくありません。免除は自分から申請しなければ受けることができません。該当しそうな人は、手続きをして少しでもお金の負担を減らしましょう。

―― その他の対象者 ――

生活保護などの公的扶助受給者

社会福祉施設等入所者

奨学金受給対象等であり、親元とは別住居の学生

 **NHK受信料免除の
申請手続き方法**

① 申請書に必要事項を記入する

申請書はお住まいの自治体やNHKの窓口にあります。

▼

② 申請書ほか必要書類を自治体に提出

必要書類：住民票、非課税証明書（世帯全員分）、障害者手帳など
→免除の証明を受ける。

▼

③ 証明を受けた申請書をNHKに郵送

NHKが申請書を確認。受理通知書が届けられて完了。

 **「世帯主の親が障害者だけど、
受信契約者は自分」の人が
半額免除を受けるための方法**

　こういった場合、あきらめる必要はありません。NHK受信料契約者は世帯の誰がなっても大丈夫。名義の変更手続きはNHKのホームページや電話で簡単にできます。契約者は口座やクレジットカードの名義人と同一名義でなくてもOKです。受信契約者を親に変更すれば、半額免除を受けられるようになります。

─**Check**─
家計の負担を減らすために申請しよう!

野菜をタダでもらう
産地直送! 新鮮野菜を無料でゲットできる驚きのサイト

商品として市場に出せない野菜を、送料負担だけでもらえるうれしいサービス「タダヤサイ」。応募して食費を節約しましょう!

対象：野菜と節約が大好きな人
お手軽度：★★★★★
お得度：★★★★☆
わくわく度：★★★☆☆

達人レベル **4.0**

新鮮! 大量! おいしい野菜が手に入る!

「タダヤサイ（旧タダヤサイドットコム）」は、傷のついている野菜やサイズが規格外の野菜など、市場には出せない野菜をタダでプレゼントしてもらえるサイトです。農家から直送されます。

見た目はいびつでも、採れたて野菜は新鮮でおいしいものだらけ。送料の負担だけで、野菜代はかかりません。「深谷ネギ2.5キロがタダ」、「ナス45本がタダ」など、送ってもらえる野菜は大量です。作り置きなどに上手に活用すれば、食費を節約することができます。

また、野菜だけでなく、果物、米、飲料（お茶やジュース）なども、タダ（もしくは値引き価格）でゲットすることができます。

応募の方法は「タダヤサイ」のサイトに会員登録して、ほしい野菜を選んでクリックするだけ。昨今はタダヤサイのツイッター公式アカウントで「限定プレゼント」も募集しています。

タダヤサイのHP：https://www.tadayasai.com/

Check
旬の野菜や果物、新米までゲットできます!

グルーポン活用術
最大90%オフ！ クーポン券の事前購入で得する

外食やレジャー、旅行、美容などで
お金を使うときは、インターネット
であらかじめ割引クーポン券をゲッ
トしたほうが、断然お得！

対象：節約が大好きな人
お手軽度：★★★★☆
お得度：★★★★☆
わくわく度：★★★★☆

達人レベル **4.0**

地方でも利用できるクーポンが満載！

　グルーポンは日本最大級のクーポンサイト。グルメや美容、旅行や
レジャーなどで利用できるクーポン券を、ネットで会員登録するだけ
で購入することができます。

　登録方法は、サイトの新規登録のページにメールアドレスとパスワー
ドを設定するだけ。販売されているクーポン券のジャンルは多岐にわ
たり、レストランやレジャー、旅行など
を格安で利用できるようになります。

　なかでもオススメは美容院。グルーポ
ンを利用すれば、50 ～ 90％も安くなり
ます。その他のジャンルでも割引率が高
く、半額程度で利用できることが多いで
す。地方のお店もたくさんありますので、
クーポンサイトを利用したことのない人
はチェックしてみましょう！

第6章
節約で得する

グルーポンのHP：https://www.groupon.jp/

Check
クーポンサイトは百利あって一害なし！

業務スーパー節約術
コスパ最強！ 業務スーパーの格安食品を紹介

全国に851店舗を出店（2019年12月現在）し、業績好調の業務スーパー。食品の安さは破壊的！ お得すぎるラインナップをお伝えします。

対象：激安が大好きな人
お手軽度：★★★★★
お得度：★★★★★
わくわく度：★★★☆☆

達人レベル **4.3**

焼き鳥1本23円、肉団子1個5円

「毎月の食費がかさむ」とお悩みの人には、業務スーパーの活用を強くオススメします。とにかく安いです。このページでは、「マネ達」編集部が調べた激安商品を五月雨式に紹介していきます！（※価格は時期により変動します）

まずは「焼きとり 加熱済みもも串 50本入（冷凍）」です。その総重量は1.1キロ。価格は1166円（税込）。1本あたりの値段は23円！ 衝撃の安さです。

続いて「冷凍肉団子（1袋500グラム）」。価格は172円。1個当たりの値段はなんと5円！ しかも国産鶏肉を使用し、国内の自社工場で製造した商品で安心です。

小麦粉などの「粉もの」がどこよりも安く買える

業務スーパーは「粉もの」も格安。たとえば「ホットケーキミックス（日本製粉）1kg」が308円。「GS薄力小麦粉（奥本製粉）1kg」が107円。「GS強力小麦粉（奥本製粉）1kg」が167円で買えます。この価格は、楽天西友ネットスーパーやアマゾンでの販売価格より格段に安くなっています。

ホットケーキやお好み焼き、天ぷらにお菓子、ピザやパンなど、粉

もの料理を作る機会が多い人は、業務スーパーで間違いなし！

冷凍野菜も安い！

業務スーパーは冷凍野菜も充実しています。冷凍野菜はすでに下ごしらえがされているため、皮や種などのゴミが出ず調理は簡単。腐らせて廃棄することもありません。そして、とにかく安い！

「ごぼうにんじんミックス（500g）」は159円。「和風野菜ミックス（500g）」は202円。「ヨーロピアン野菜ミックス（500g）」は160円です。「揚げなす乱切り（500g）」は180円です。ほかにも「カットほうれん草」「オクラスライス」「いんげん」「かぼちゃ」「きざみ玉ねぎ」「パプリカ」「ブロッコリー」などの冷凍野菜を、100円代〜200円代の格安でゲットできます。

業務スーパーのHP：https://www.gyomusuper.jp/

業務スーパー公式ホームページの「ミラクルレシピ」が超役立つ！

業務スーパーの商品を使用したレシピを紹介する「業務スーパーのミラクルレシピ」の内容が充実しています。

◎らくらく3ステップレシピ集

◎世界各国本場の味『本格』レシピ集

◎1人分が100円以下でつくれる！節約レシピ集

◎パッと簡単！10分以下クイックレシピ集

など、用途に合わせたレシピがそろっています。格安で食材をゲットしたけど、調理法に迷ったときは、ぜひ活用してみてください。

Check

すべてが安い！いろいろ豊富！満腹で大満足！

シニアが得する電子マネー

キャッシュレスデビューを考えている
シニアが得する電子マネーはコレ

現金派のあなた。「シニア限定の特典がある」電子マネーがあることをご存じですか？ 55歳から申し込める4種類を紹介します。

対象	55歳以上
お手軽度	★★★★☆
お得度	★★★★★
わくわく度	★☆☆☆☆

達人レベル **3.3**

イオングループの「G.G WAON」「ゆうゆうワオン」

　長く現金を使っていた人は、電子マネーに移行するのにためらいがある人もいると思います。ですが、いざ使い始めてみると、とっても便利でお得です。

　イオンを利用する機会が多い人は、「WAON」カードを発行しましょう。55歳以上の人が発行できる「G.G WAON」カードで支払えば、毎回支払い額の0.5％分のポイントが貯まり、貯まったポイントは電子マネーに換えることができます。毎月15日の「G.G感謝デー」は、WAONカードでの支払いは5％オフです。

　また、65歳以上が発行できる「ゆうゆうワオン」カードはもっとお得です。毎月15日の「G.G感謝デー」に3000円以上の買い物をすると、もれなく100ポイントをもらえ、電子マネーとして使うことができます。発行はイオンの店頭で簡単にすることができます

「シニアナナコ」はお得に買い物できる

　イトーヨーカドーなどのセブンアンドアイグループは、60歳以上を対象に「シニアナナコ」という電子マネーを発行しています。シニアナナコで買い物をすると、1％のポイントがつき電子マネーに換え

られます。また毎月15日と25日のシニアナナコデーと、8日と18日と28日のハッピーデーは5％オフで買い物できます。

JRの利用が多い人は「大人の休日倶楽部ジパングカード」

「大人の休日倶楽部ジパングカード」は、電子マネー「Suica」が搭載されたクレジットカードです。男性65歳以上、女性60歳以上が申し込むことができます。日頃からJRで「Suica」を利用している人は、このカードに換えればたくさんの特典を得ることができます。

　JR東日本やJR北海道のきっぷは何回でも30％オフに、その他のJR線のきっぷも20回まで20％もしくは30％オフになります。また会員限定のトラベルツアーなども用意されていますので、電車での旅行が好きな人は使い勝手がいいでしょう。申し込みは、JR東日本エリアのびゅうプラザか、大人の休日倶楽部のホームページから申し込めます。

電子マネー	申込資格	ポイント付与率	主な特典
G.G WAON	55歳以上	0.5％（200円→1ポイント）	・毎月15日は5％オフ
ゆうゆうワオン	65歳以上	0.5％（200円→1ポイント）	・毎月15日は5％オフ ・毎月15日は3000円以上の買い物で100ポイントプレゼント
シニアナナコ	60歳以上	1％（100円→1ポイント）	・毎月8日、15日、18日、25日、28日は5％オフ
大人の休日倶楽部ジパングカード	男性：満65歳以上 女性：満60歳以上	0.5％	・JR東日本、JR北海道のきっぷが何回でも30％オフ ・日本全国のJR線きっぷが20回まで20％、30％オフ など

Check

電子マネーを作るなら、よく行くお店のものを！

イオン活用術
小売り業日本一のイオンの特典を最大限に活用する！

今や私たちの生活に欠かせないイオン。売上高は 2019 年 2 月期で約 8.5 兆円。小売業日本一の巨大グループの特典を利用しましょう！

対象：**イオンをよく利用する人**
お手軽度：★★★☆☆
お得度：★★★★☆
わくわく度：★★☆☆☆

達人レベル **3.0**

イオン株主優待「オーナーズカード」を活用する

　イオンのヘビーユーザーの人は、株主になることをオススメします。2019 年 10 月末、イオンの株価は約 2200 円です。100 株単位での購入ですので、最低約 22 万円で株主になることができます。株主になると、株主優待の「オーナーズカード」を手に入れることができます。このカードで買い物をすれば、常時 3 ％のキャッシュバックを得ることができます。たとえば毎月 10 万円イオンで買い物をすれば、6 カ月後には 1 万 8000 円が返ってくる計算です。

　また、イオン株の配当利回りは約 1.6 ％ですので、今の時代、預金するよりはイオン株を持っておいたほうが断然有利といえます。

株主になれば、こんなにさまざまな恩恵が！

　イオンの株主になると、キャッシュバック以外にもうれしい特典があります。全国のイオンモールの会員限定のラウンジに入場できたり、イオンシネマを割引で利用できます。株主は 1000 円で映画を観ることができるのです。さらにはポップコーンかドリンクの引換券までもらえてしまいます。また、毎月 20 日と 30 日の「お客さま感謝デー」では、支払い時に 5 ％オフの特典もついてきます。

「イオンカードセレクト」でWAONのポイント還元率アップ！

　電子マネー「WAON」単体でのポイント還元率は0.5％ですが、イオンが発行しているクレジットカードとイオン銀行をあわせて利用することで、還元率を1.5％までアップさせることができます。

　これを実現するのが、キャッシュカード・クレジットカード・WAONが一体となった「イオンカードセレクト」です。イオンでの買い物が生活の一部になっている人は作って損はないでしょう。

イオン株主優待
「オーナーズカード」の還元率を
10％オーバーにする方法

　株主優待の「オーナーズカード」と「イオンカードセレクト」は併用して使うことができます。さらに、毎月20日と30日のお客様感謝デーでも併用することができます（「まいばすけっと」では不可）。ということは、

●オーナーズカード ……………………… 3％還元

●イオンカードセレクト …………… 1.5％還元

●お客さま感謝デーに買い物 ……… 5％還元

　で、総計9.5％の還元率となります。これに株主の配当利回りを加味すると、10％以上の還元率が実現してしまうのです！

　このように、イオンはさまざまな特典を併用することができるので、「イオン愛」の強い人ほど得するようになっています。

Check

イオンをお得に利用して、生活費を削減！

60

チリツモ節約術！

シニアが得する店
シニアを優待する小売店が増加中！
狙いを定めてレッツゴー！

ドラッグストア、ステーキ店などで、
シニアが得するサービスが満載！
「歳を重ねるのも悪くない」と思える
お店を紹介します。

対象：**50歳以上の人**
お手軽度：★★★★★
お得度：★★★★☆
わくわく度：★★★☆☆

達人レベル **3.3**

トイザらス・ベビーザらスの「まご割」で10％オフ

　トイザらス・ベビーザらスは、乳児用のアイテムや子ども用のおもちゃを中心に販売するお店。毎月「まご割」というサービスが実施されています。

- ■実施日：毎月15日　■対象年齢：50歳以上の会員
- ■特典：5000円以上の購入で10％オフ（一部対象外商品あり）。ポイントが3倍（5のつく日）
- ■申込方法：店頭もしくはウェブで会員登録。入会金・年会費無料

ツルハドラッグの「シニア感謝デー」の2つの特典

　最近のドラッグストアは医薬品だけでなく、日用雑貨や食品も販売されていますから、「シニア感謝デー」にまとめ買いするのがお得です。

- ■実施日：毎月15日、16日、17日　■対象年齢：60歳以上
- ■特典1：全品5％オフ
- 　特典2：配達サービス「とどけ～る」が割引価格に（東北～九州地方550円⇒275円。北海道495円⇒247円。沖縄は未実施）
- ■申込方法：店頭にて申し込み。60歳以上と確認できればポイントカードにシニアマークが付けられる

靴のチヨダの「ハッピー55デー」

「東京靴流通センター」や「SHOE・PLAZA」などを運営する靴の
チヨダも、「ハッピー55デー」を作ってシニアを応援しています。

■実施日：毎月14日、15日、16日、17日　■対象年齢：55歳以上
■特典：10％オフ（1点1000円以上の定価商品）
■申込方法：会計時に年齢が確認できるものを提示

肉好きシニアに朗報！
「いきなり！ステーキ」の
「シニアカード」がすごい！

　70歳以上の人限定だが、「いきなり！ステーキ」のシニア特典が豪
華です。その内容は、

1、飲み物どれでも1杯無料（来店1回につき。アルコールもOK）
2、毎年敬老の日に1000円クーポン贈呈
3、誕生月にステーキ300gプレゼント（メルマガ会員登録が必要）
4、肉マネーチャージボーナスが常時3倍
5、行列時には優先的に入店可能（同伴者は1名まで）

　と、肉好きにはたまらない内容。年齢が確認できる証明書を提示す
れば、無料で「シニアカード」がもらえます。いつでも利用すること
ができます。

※サービス内容は随時変更されていきますので、常に最新情報に目を光らせておきましょう。

Check
年金支給日「15日」の前後は、シニア割の狙い目！

飲食店の「割引デー」を見える化する
これでお得情報は逃さない！

飲食店に割引デーがあることは知っていても、ついつい忘れてしまいがち。ここでは、お得情報を忘れないためのちょっとしたコツを教えます。

対象：外食が大好きな人
お手軽度：★★★★★
お得度：★★☆☆☆
わくわく度：★★☆☆☆

達人レベル **3.0**

割引デー 覚えていたらけっこうお得

　おなじみの飲食チェーンには、毎月「割引サービスデー」を設定しているところが少なくありません。2020年3月現在の情報をまとめてみました。

丸亀製麺	毎月1日は「釜揚げうどんの日」	※並140円（通常290円）、大200円（通常400円）、得250円（通常510円）に
ゴーゴーカレー	毎月5日・15日・25日は「ゴーゴーデー」	※次回使えるトッピングサービス券をもらえる
ポムの樹	毎月6日は「ポムの日」	※オムライスSSサイズが30%オフ
築地玉寿司	毎月8日は「末広手巻の日」	※35種類の手巻すべてが1本100円
ディッパーダン	毎月9日・19日・29日は「クレープの日」	※クレープがすべて330円
天丼てんや	毎月18日は「てんやの日」	※上天丼が500円（通常690円）
フレッシュネスバーガー	毎月20日は「フレの日」	※ハンバーガー半額など（店舗によって異なる）
ケンタッキーフライドチキン	毎月28日は「とりの日」	※オリジナルチキン4ピースとナゲット5ピースセットが1000円（通常1380円）
サーティワン	年7回の31日と、3月1日は「サーティワンの日」	※ダブルコーン・ダブルカップが31%オフ

　あなたがお気に入りのお店や、チェーン店でなくても地元のお店の割引サービスなど、ぜひチェックしてみてください。

サービスデーを忘れないために
「割引カレンダー」を作ろう!

「昨日(明日)だったら半額だったのに!」といった事態を避けるために、「マネ達」編集部は「割引サービスデー」を記載したカレンダーを作ることをオススメします。

SUN	MON	TUE	WED	THU	FRI	SAT
			1 丸亀製麺 並 140 円 大 200 円 得 250 円	2	3	4
5 ゴーゴー カレー トッピング サービス券	6 ポムの樹 オムライス 30%オフ	7	8 築地玉寿司 手巻1本 100 円	9 ディッパー ダン クレープ 330 円	10	11
12	13	14	15 ゴーゴー カレー トッピング サービス券	16	17	18 天丼てんや 上天丼 500 円
19 ディッパー ダン クレープ 330 円	20 フレッシュ ネスバーガー ハンバーガー半額	21	22	23	24	25 ゴーゴー カレー トッピング サービス券
26	27	28 ケンタッキー フライドチキン セット1000円	29 ディッパー ダン クレープ 330 円	30	31 サーティワン ダブルコーン・ ダブルカップ 31%オフ	

このようなカレンダーを作っておけば、「おっ、今日はてんやで上天丼 500 円の日か。よし行こう」といった具合に、割引デーを逃すことはないでしょう。割引カレンダーを作って、外食をお得に楽しみましょう!

Check

チェーン店のサービスデーの重複が少ないのもうれしい!

62

レストランの料理を格安で味わう

廃棄の危機にある食事を救う
WEBサービス「TABETE」とは？

まだおいしく食べられるのに、閉店時間や賞味期限などの理由でお店が捨てざるを得ない食事（レスキュー食品）を格安で購入する方法があります。

対象：**食費を節約したい人**
お手軽度：★★★★★
お得度：★★☆☆☆
わくわく度：★★★☆☆

達人レベル **3.3**

日本初のフードシェアリングサービス

「TABETE（タベテ）」は、食品が捨てられてしまうフードロス問題を解消するために作られた社会派サービス。アプリをダウンロードして無料会員登録をすれば、加盟店のレスキュー食品が出てきます。

そこには食事のレスキュー価格（割引価格）と、引き取り可能時間（廃棄までの時間）が記されています。ユーザーは引き取り予定時間と個数を選択し、「確定してレスキューに向かう」をクリックすると注文になります。

店舗に到着後、店員さんに「レスキューを完了する」ボタンを押してもらうと、割引価格で食事を受け取ることができます。現在、サービスの加盟店は、東京を中心に417店舗。居酒屋から本格イタリアン、和菓子屋、インド料理とさまざまです。割引価格は、お店によってまちまちですが、20〜50％オフが相場となります。

フードロス問題解消に貢献しつつ、食事代の節約にもつながるので、利用している人が多いサービスです。お得ですよ！

TABETEのHP：https://tabete.me/

「TABETE」サービスの流れ

① 店舗で食品ロス発生の危機が起こる

▼

② 店舗が TABETE に掲載する

▼

③ TEBETE のユーザーが引き取り予定時間と個数を選択

▼

④ 店舗にてユーザーが食品（商品）を受け取る

Check

安い! おいしい! いいことした気分!

63

シニアも使える「青春18きっぷ」
金券ショップでお得に買えることも

JRの「青春18きっぷ」に年齢制限は
ありません。誰でも使うことができ
ます。その使い方とお得な入手法を
伝授！

対象：	電車旅行をする人
お手軽度：	★★★★★
お得度：	★★★☆☆
わくわく度：	★★★★★

達人レベル **4.3**

青春18きっぷの値段とシステム

　青春18きっぷは、「5回（人）分セットで1万2050円」で販売さ
れています。1回あたり2410円。この金額で、全国のJRの路線が
1日乗り放題になります（特急や新幹線には使えません）。のんびり
と電車旅を味わうにはもってこいのきっぷです。

　でもこのきっぷの悩ましいところは、「5回セット」の点。次の旅
行まで取っておく手もありますが、5回分セットの利用期間はシーズ
ンによって1カ月から1カ月半程度に定められているため、使い切る
のが難しいこともあります。夫婦で2回使っても1回分が余ってしま
います。そこで利用したいのが、金券ショップです。

金券ショップなら、好きな枚数を買える

　金券ショップに行くと、青春18きっぷが、2回分で販売されてい
ることがあります。当然、5回分のセットに比べて、1回分の単価は
上がってしまいますが、2〜4回分しか使わないとわかっているなら、
金券ショップで購入したほうがお得です。

　また利用期間の迫っているきっぷほど、きっぷの価格は安くなりま
す。それならば電車に乗る前日や当日にそのきっぷを買えば、最安値
でゲットできることになります。しかし、売れてしまう可能性がある

ため、どこまで引き延ばせるかの判断は難しいでしょう。

金券ショップで買うなら、朝よりも夕方が狙い目！

　立地などの条件によりますが、青春18きっぷは、朝よりも夕方に金券ショップに出回っているように思えます（あくまで私の実感です）。その理由は、青春18きっぷによって旅を終えた人が、不要になった分を帰り際に売っているからではないかと推測しています。旅行前の夕方に金券ショップをチェックしてみると、意外な掘り出し物に出会えるかもしれません。

飛行機のチケットが格安に！ ANA、JALの株主優待券を 使う裏ワザ

　飛行機のチケットは直前になるほど割高になりますが、チケット代を大幅に安くする裏ワザがあります。それは、ANA、JAL、スターフライヤー、ソラシドエアなどの「株主優待券」をゲットすること。
　株主優待券は金券ショップに売られています。あるいはインターネットの「株主優待番号販売センター（https://anajal-hanbai.com/）」で株主優待番号をネット上で購入しても同じです。金券ショップでは3000円程度で販売されています。株主優待券を手に入れたら、ANAやJALの公式サイトから株主優待番号を入力してチケットを購入するだけ。すると、運賃は下記のように（時期により異なります）。

羽田⇒福岡　4万1390円 ⇒ 2万4640円

　株主優待券代の3000円を加味しても、これは断然お得です。直前に飛行機のチケットが必要になったときは、ぜひご活用を！

Check
各駅停車と空の旅を格安で楽しもう！

64

0円工場見学（試食・試飲付き）

出費を抑えてレジャーを楽しみたい人にオススメ！ ビールも飲める！

観光レジャーには何かとお金がかかってしまうもの。ここでは無料で楽しめるレジャー「工場見学」のお得情報をお伝えします。

対象：タダが大好きな人
お手軽度：★★★★★
お得度：★★★★★
わくわく度：★★★★★

達人レベル **5.0**

タダでビールを飲める大工場
——キリンビール 横浜工場（神奈川県）

　キリンビール横浜工場では、5〜9歳の子どもと保護者が参加できるファミリーツアーを行っています。ビールの製造工程を学びながら、甘みのある麦芽の試食や、ホップの香りを嗅げたりといった体験も豊富。最後は、ビールやノンアルコールビール、ソフトドリンクを3杯まで飲める特典も！　柿の種チーズ味もおつまみとしてもらえます。

【キリンビール 横浜工場 ファミリーツアー】

住所：神奈川県横浜市鶴見区生麦 1-17-1
見学時間：日によって異なるため、公式サイトをご確認ください
定休日：平日
利用条件：5〜9歳の子どもとその保護者が対象。予約制
URL:https://www.kirin.co.jp/entertainment/factory/yokohama/tour/family.html

アツアツのシウマイを試食できる人気ツアー
──崎陽軒 横浜工場（神奈川県）

　駅弁で有名な崎陽軒のシウマイの工場見学ツアーでは、シウマイの作り方を勉強でき、駅弁全般の歴史についても学べます。お腹が空いてきたころには、できたてのシウマイが試食できます。

─────【崎陽軒 横浜工場】─────

住所：神奈川県横浜市都筑区川向町675-1
見学時間：9：30～、11：00～、12：30～、14：00～
定休日：日・月・火曜、毎月月末、年末年始
利用条件：完全予約制
URL: https://kiyoken.com/factory/

サラダバーでドレッシングをかけて味比べ
──キユーピー 五霞工場（茨城県）

　キユーピーの五霞工場で、マヨネーズやドレッシングの製造工程を見学できます。1分間に600個の卵を割る「割卵」のシーンは圧巻。次々と卵が割られていき、白身と黄身に分けられていく様子に息をのみます。最後はサラダバーで好きなドレッシングをかけて食べて大満足！

─────【キユーピー 五霞工場】─────

住所：茨城県猿島郡五霞町小手指1800
見学時間：9：30～、10：30～、13：30～
定休日：土・日曜、祝日、工場休業日
利用条件：完全予約制
URL: https://www.kewpie.co.jp/entertainment/openkitchen/goka/

老舗「かねふく」の激ウマ明太子が食べられる！
―めんたいパーク大洗（茨城県）

　明太子の「かねふく」が運営する、入場料無料のテーマパーク。明太子の製造工程をのぞいたあとは、できたての明太子を試食できます。有料になりますが、明太子おにぎりなどを食べられるフードコーナーもあり、明太子好きは、一度は足を運びたいスポットです。

―――【めんたいパーク大洗】―――

住所：茨城県東茨城郡大洗町磯浜町 8255-3
営業時間：9：00 ～ 18：00（工場稼働時間は 9：00 ～ 16：30。日曜、祝日の 11：30 ～ 12：30 は一時ストップ）
定休日：無休
URL: https://mentai-park.com/park/ooarai/

こんにゃくの無料バイキングで満腹！
―こんにゃくパーク（群馬県）

　群馬といえば、こんにゃくの名産地。こんにゃく愛にあふれた「こんにゃくパーク」では、こんにゃくや白滝、ゼリーの製造工程を見学できます。大人気なのはこんにゃくのアレンジ料理やデザートを楽しめる無料のバイキング。ヘルシーなのに、お腹がいっぱいになりますよ！

―――【こんにゃくパーク】―――

住所：群馬県甘楽郡甘楽町小幡 204-1
開園時間：9：00 ～ 18：00（最終受付 17：00）
定休日：年末年始、臨時休業日
利用条件：「こんにゃく体験」は有料で完全予約制
URL: http://konnyaku-park.com/

天然水と新鮮牛乳で作られたアイスを嗜む！
──シャトレーゼ白州工場（山梨県）

　シャトレーゼ白州工場は、こだわりの素材を使って、アイスクリームやケーキ、菓子などを製造している工場です。大量生産されていく「アイスバー」の光景は迫力満点。人気アイスの試食コーナーもあります。

【シャトレーゼ白州工場】

住所：山梨県北杜市白州町白須大原 8383-1
開園時間：9：00 ～ 16：00（最終受付 15：00）
定休日：工場休業日を除く毎日（詳しくは HP を参照）
利用条件：完全予約制
URL: https://www.chateraise.co.jp/enjoy/factory_tour

Check
0円工場見学で、食べて、学んで、大満足！

金券ショップ活用術
株主優待券をゲットして
飛行機のチケットを格安で取る！

金券ショップを使いこなせば、意外と大きな節約になります。特に飛行機チケットが安くなる株主優待券を手に入れれば1万円得することも！

対象：現金派で節約したい人
お手軽度：★★★★★
お得度：★★☆☆☆
わくわく度：★★☆☆☆

達人レベル **3.0**

金券はキャッシュレスと同じくらいお得

　キャッシュレス決済は苦手。だけど、現金だとポイント還元がないから損。そんな人には金券を上手に活用することをオススメします。金券の種類によって還元率はさまざまですが、上手に利用すればキャッシュレス決済と同じくらいお得です。以下、「マネ達」編集部が金券ショップでお得な金券を探してみました（金額はお店と時期により異なります）。

誰にでもオススメできる金券はコレ！

■ **全国百貨店共通商品券　1000円 ⇒ 990円（1％お得）**
　どこの百貨店でも使えます。いつも行く百貨店が決まっている人は、その店専用の商品券を購入すれば2％前後の割引になります。

■ **VISA、JCBなどクレジット会社のギフト券　1000円 ⇒ 985円（1.5％お得）**
　スーパーやコンビニなども含めて、使えるお店が多いのが魅力です。金券ショップによっては、2％程度の割引がある場合もあります。

■ **ジェフグルメカード　500円 ⇒ 480円（4％お得）**
　大手チェーンのファミレス、ファストフード、居酒屋、デリバリー

ピザなど、飲食店の支払いに使える金券。クーポンとの併用も可能なので、お得に外食ができます。

■**おこめ券　500円 ⇒ 430円（14％お得）**

割引率は高いですが、お米券は500円の券で440円分の買い物しかできません。そのため現金より10円得になるだけですが、お米代の節約に利用価値があります。

そのほか、金券ショップでは、映画の前売り券や切手、電車やバスの切符も安く手に入れることができます。正規のチケットを購入する前に、金券ショップをのぞいてみるのが得策でしょう。

「マネ達」が見つけた
金券ショップの掘り出し物！

「マネ達」編集部が、金券ショップで見つけた掘り出し物の一部を紹介します。今の金券ショップは、店舗に行かなくてもネット上でお得な金券を販売しているところが少なくありません。ぜひ、節約術として、金券を活用してみてください！

「マネ達」が見つけた金券ショップの掘り出し物！

富士急ハイランドパスポート	通常 5800円→**3800円**に
ビール券 10 枚セット	通常 5390円→**4940円**に
横浜スタジアム内野指定席 B	通常 3600円→**1900円**に
レオパレス21 株主優待券 （グアム宿泊無料券3枚＆国内宿泊50%オフ券3枚）	**900円**

┌─ **Check** ─────
金券ショップを利用して、手軽に節約！

3カ月先回り投資術

株主優待をあえてゲットせず利益を生み出す裏ワザ投資

初心者が株式投資を始めて、稼ぐ方法はあるのか？　あります！　リスクも少ないので、この機会にぜひ覚えておきましょう。

対象：投資を始める人
お手軽度：★★★★★
お得度：★★★★★
わくわく度：★★★★★

達人レベル **5.0**

株主優待をあえて狙わない投資術

　さまざまな手法がある株式投資の中で、人気の手法の１つが「株主優待」。権利確定日の２営業日前（権利付き最終日）に株を保有していると、企業から優待商品がもらえて配当金も受け取れる仕組みです。株主優待生活をしている人がテレビでも話題になっていますね。

　極端なことを言えば、権利付き最終日に株を購入し、翌日売却しても権利獲得となります。ですが、権利確定日以降は株価が下がるため、この手法では損してしまいます。それではいつ、株を買い、売るのがいちばん得策なのでしょうか。ここでは、株主優待の権利をあえて放棄して、利益を生み出すための裏ワザをお伝えしたいと思います。

権利確定日の３カ月前に株を買うのがベスト

　その答えはずばり、権利確定日の３カ月以上前です。なぜなら、権利確定日が近づいてくると、多くの投資家たちが人気の優待銘柄を買いに走ります。すると、株価は高くなる傾向になります。ですから、まだ値上がりしていない３カ月以上前に仕込んでおくのが、得するためのセオリーとなります。

　たとえば３月が権利確定日の銘柄に関しては、12月頃から株価が

上がり、2〜3月頃に最高値をマーク。そこからゆるやかに下落していく傾向にあります。株が最高値に達したタイミングで株を売れば、株価差益によってもうけることができます。その代わりに株主優待の権利を得ることはできません。この方法は、株主優待なんていらない、株でもうけたい、という人にオススメの裏ワザです。人気の優待銘柄が、すべてこのような流れになるとは限りませんが、だいたいの傾向はこの通りです。

　権利確定日の3カ月以上前に買って、株価が急騰したら即座に売ってしまう。これだけなので、初心者の人でも覚えやすいと思います。

「マネ達」編集長の私も実践！
2014年の
吉野家ホールディングス株

　私が初めて「3カ月先回り投資」をしたときの実例を紹介します。
　2014年の吉野家ホールディングスの権利確定日は2月25日でした。私は11月に株を購入しました。株価は予想通り11月から12月にかけてゆるやかに上昇し、12月下旬から急騰。そして2月13日に最高値の1567円をマーク。投資家たちが一気に買いに走ったわけです。そこから株価は下落しました。11月の株価は約1200円。最高値に達したタイミング（約1500円）で売却しましたので、約300円×100株単位＝約3万円の利益を得ることができました（手数料が引かれます）。2014年は約30銘柄の投資をしましたので、合計でかなりの利益です。

　ちなみに現在は、「3カ月先回り投資」をしつつ、ちゃっかり株主優待もゲットしています。その方法は次ページでお伝えしましょう！

━ Check ━
世界一カンタンな投資のしかたはコレ！

株主優待活用術
10万円以下で買える！オススメの株主優待銘柄

株式優待をきっかけに投資を始める
人が増えています。ここでは初心者
でも安心な、10万円以下の投資で
得られる株主優待を紹介！

対象：株主優待狙いの投資をする人
お手軽度：★★★★★
お得度：★★☆☆☆
わくわく度：★★☆☆☆

達人レベル **3.0**

そもそも株主優待とは？

　株主優待とは、企業から株主へのプレゼント。自社製品やクオカードや金券など、企業によってさまざまな種類があります。166ページの「３カ月先回り投資術」のところで記しましたが、株主優待の権利を得るには、権利確定日の２営業日前（権利付き最終日）にその企業の株を保有していなければなりません。

　権利が確定し、株主名簿に名前が記載されれば、あとは株主優待や配当がもらえるのを待つだけです。これらをもらえるのは、たいてい２〜３カ月後になります。

　３カ月先回り投資で稼ぎたい、かつ株主優待もゲットしたい、そんな欲張りさんは多いでしょう（私もそうです）。そんな人には、分割して投資するのをオススメします。先の吉野家の例でいうと、200株を購入し、100株は最高値に達したタイミングで売り、もう100株は権利獲得後に売る。この運用を進めれば、利益と株主優待の両方をゲットすることができます。ちなみにこのときの吉野家の優待は、3000円分の優待券（300円×10枚）、配当金は1000円。うれしい特典です。

　この項では、10万円以下で買える株主優待銘柄を集めてみました。ぜひ、参考にしてみてください。

 # 株主優待や配当金を得るために！
口座開設から株の売買までの流れ

株の売買と聞くと何だか難しそうですが、大まかな流れさえ把握しておけば、後は流れに沿って進めるだけなので意外と簡単です！

① 証券会社に口座を作る

資料を請求し、口座開設の申し込みと、本人確認の手続きをする。1週間程度で開設できます。ネット証券会社（楽天証券、マネックス証券など）ならば、口座の開設や管理などを無料で行えるのでオススメです。

② どの株を買うか決める

株主優待の内容、配当金、いくらで株を買えるのか、いつ買うべきか（権利確定日の3カ月前に間に合うか）など、自分の予算に合わせて、購入する銘柄を決めましょう。

③ 株を買う
（証券口座のウェブページで売買可能）

通常株の取引は100株単位で行われます。ですので、10万円が予算だった場合、株価500円の株なら200株、株価1000円の株なら100株買えることになります（手数料が別にかかる）。

④ 権利確定日を待つ

株主優待を狙うならば権利確定日の2営業日前（権利付き最終日）まで株を保有し続けます。その後は、株は売っても、保有し続けても構いません。

⑤ 2～3カ月後、株主優待・配当金が届く

配送業者によって小包などで送られてきます。配当金は証券口座などに自動的に入金されます。

⇒あなたも株主優待生活をスタートしよう！

「投資はすべて自己責任で」の原則はお忘れなく

「マネ達」編集部厳選!
10万円以下の投資でもらえる
魅力的な株主優待

(データは2019年12月現在のものです)

極楽湯ホールディングス

(スーパー銭湯を直営・フランチャイズで全国展開)

必要額：5万288円(100株)　権利確定月：9月
優待内容：極楽湯無料入浴券4枚(1年以上保有株主)

ワッツ

(100円ショップ経営の中堅。海外へ積極展開)

必要額：6万788円(100株)　権利確定月：8月
優待内容：台所用品や衛生用品など自社開発商品の詰め合わせ

ロングライフホールディング

(富裕層向け老人ホーム、訪問介護などを展開)

必要額：7万7888円(200株)　権利確定月：10月
優待内容：老人ホームやグループホームの入居一時金や入園金が10万円割引(1年以上保有株主)。「ロングライフカレー」8箱(2年以上保有株主)。

ユーグレナ

(ミドリムシを活用した健康食品や化粧品を販売)

必要額：7万8388円(100株)　権利確定月：9月
優待内容：自社商品「ユーグレナの緑汁粒タイプ」28粒。健康食品が最大30%割引。

ヤマダ電機

（家電量販店の大手）

必要額：5万4688円（100株）　権利確定月：3月、9月
優待内容：店舗で使える500円割引券を、3月に2枚、9月
に4枚もらえる。

きちりホールディングス

（居酒屋やハンバーグ専門店を展開）

必要額：6万1188円（100株）　権利確定月：12月
優待内容：店舗で使える3000円相当の優待券をもらえる。

アトム

（「かっぱ寿司」「甘太郎」「ステーキ宮」などを運営する外食チェーン）

必要額：9万8500円（100株）　権利確定月：3月、9月
優待内容：3月と9月にそれぞれ、店舗で使える2000円相当
の優待ポイントをもらえる。

サンセイランディック

（権利関係が複雑な不動産の商品化をする不動産会社）

必要額：8万6800円（100株）　権利確定月：6月
優待内容：「パンの缶詰」オリジナルセット

行かなきゃ損！
株主総会のお土産が豪華な会社

　株主の特典は、株主優待や配当金だけではありません。株主なら誰でも参加できる株主総会。実は、会社によってかなりお土産が豪華なことも。（「マネーの達人」編集部調べ）

ダイオーズ

（オフィスコーヒーなどオフィス向け総合サービス）

お土産：200杯分のレギュラーコーヒー（後日、自宅に宅配されます。ただし遅刻や途中退席しないことが条件です）
金額：4000円相当

北の達人コーポレーション

（健康美容食品や化粧品を通販）

お土産：自社商品の詰め合わせ（入浴剤、サプリメントなど）
金額：4000円相当

フェリシモ

（カタログ通販大手）

お土産：チョコレート、コーヒー、和三盆、手帳、雑貨など
金額：4500円相当

RIZAP グループ

（美容・健康関連の通販。ジム「ライザップ」も展開）

お土産：洗顔せっけんセット、RIZAP ウォーター
金額：3000円相当

ニトリホールディングス

（全国トップの家具・インテリア製造小売りチェーン）

お土産：フェイスタオル、折りたたみ傘、自社ギフトカード
金額：5000円相当

東邦チタニウム

（チタン製錬大手。航空機向けが主体）

お土産：モンベルのチタンカップ
金額：5000円相当

ジェイリース

（賃貸不動産における賃貸債務保証業務）

お土産：帝国ホテルのスープセット
金額：3000円相当

ナガワ

（ユニットハウス大手。工事現場の仮設事務所用レンタル）

お土産：「六雁」のお菓子・白いマカロン（ミシュラン1つ星）
金額：3000円相当

　これらのお土産は毎年もらえるものではありませんので、ご注意を。「今年は何をもらえるかな」と期待するのも株主総会の楽しみになりますね。

Check
お気に入りの会社を見つけて投資を始めよう！

ふるさと納税
今さら聞けないその手続きとお得な返礼品を紹介！

テレビや雑誌で話題になるたび「今さら始めるのは……」と二の足を踏んでいるあなた！　手続きは簡単です。この機会に始めてみましょう。

対象：所得税・住民税を払っている人
お手軽度：★★★★☆
お得度：★★★★☆
わくわく度：★★★★★

達人レベル **4.3**

ざっくり理解！ふるさと納税

　ふるさと納税とは、あなたが選んだ地方自治体（本当のふるさとでなくても OK）にお金を寄附すると、自治体が定めたお得な返礼品をもらえて、しかも翌年の所得税や住民税の控除を受けられる制度です。

　ざっくりいうと、「お金を寄附」→「返礼品をもらえる」→「税金が安くなる」というわけです。

　寄附額の上限は、収入と家族構成によって決められています。もちろん年金生活者でも、税金を払っている人は利用できます。

年収500万円（会社員の夫・専業主婦の妻）の場合

　この場合、寄附額の上限額は4万9000円です。この金額をふるさと納税として寄附すれば（複数の自治体に寄附できる）、さまざまな返礼品をゲットできます。そして翌年所得税と住民税から、4万7000円分税金が控除されます（2000円は自己負担になる）。

　つまり、実質2000円の自己負担で、魅力的な返礼品をもらえてしまうわけです。とてもお得な制度です。ふるさと納税が広まっているのもご理解いただけるかと思います。

これであなたも ふるさと納税マスター！ 具体的な手続きの方法を紹介

① インターネットで「ふるさと納税」申込サイトにアクセスする

検索で「ふるさと納税」と打ち込むと、「さとふる」「ふるさとチョイス」「楽天ふるさと納税」などのサイトが出てきます。好きなサイトを選んでください。

② 返礼品を選んで寄附を申し込む

返礼品には寄附額が何円になるのか記されています。返礼品を選んで、申し込み、寄附額を払います。クレジットカード払い・コンビニ払いほか、さまざまな振込に対応しています。申し込みの際は、必ず納税者（収入のある人）の名義で行ってください。

③ 数週間～数カ月で返礼品と「寄附金受領証明書」が届く

寄附金受領証明書は大切に保管してください。

④ 翌年の3月15日までに確定申告する

寄附額に応じて、所得税が控除されます（会社員の場合、寄附した自治体が5つ以内だった場合、確定申告しなくてOK。寄附の申し込み手続きの際に、「寄附金税額控除に係る申告特例申請書」を同時に請求すれば、自治体からその申込書が届きます。必要事項を記入して、その他の書類と一緒に自治体に郵送すれば、確定申告をしなくてすみます）。

⑤ 減額された住民税の通知書が届く

会社員の場合は、減額された住民税が給料から天引きされます。

第6章

節約で得する

達人の裏ワザ！

返礼品は「モノ」だけじゃない！うれしい「サービス」も受けられる！

　自治体によっては返礼品をモノではなく、サービスで提供するところもあります。実際のふるさとに寄附する人には、役立つでしょう。

■親孝行代行サービス
　京都府綾部市。食事の支度、掃除、洗濯、話し相手、
　などを代行するサービス。所要時間は2時間程度。寄附額1万円。

■見守り親孝行代行サービス（ゴミ出し15回）
　兵庫県加古川市。高齢者世帯の安否確認を兼ねたゴミ出し代行サービス。
　必要に応じて利用者に様子を知らせてくれる。寄附額1万円。

■お墓の清掃サービス
　佐賀県神埼市。遠方に住んでいて墓参りに行けない人の代わりに、
　真心を込めてお墓のお手入れをするサービス。寄附額2万円。

⇒あなたの「本当のふるさと」にも、こんなサービスがあるかも！

Check

今年こそ、ふるさと納税を始めてみませんか？

69

スマホ納税
税金・公共料金・国民健康保険ほか スマホで支払うと得をする!

税金や公共料金などの支払いは、銀行やコンビニで払うのをやめましょう。キャッシュレス決済にすれば、ざくざくポイントが貯まります!

対象:納税で少しでも得したい人
お手軽度:★★★★★
お得度:★★★☆☆
わくわく度:★☆☆☆☆

達人レベル **3.0**

万能アプリ「Yahoo! 公金支払い」を利用しない手はない

「Yahoo! 公金支払い」というサイトにアクセスし、クレジットカードを登録すれば、税金や公共料金の支払いでポイントを貯めることができます。住民税に国民健康保険料、自動車税や固定資産税、水道料金、NHK受信料、さらにはふるさと納税にも対応しています。

これらの料金を同じクレジットカードで支払えば、ポイントは年間数万円になることも。分割払いにも対応しているため、納税額が多いときにも助かります。また、Tポイントカードのポイントで支払うことも可能です。ただし、自治体によってはこのサービスに対応していない場合があるため、事前に確認しておきましょう。

「Yahoo! 公金支払い」が可能な公共料金

地方税・保険料		
自動車税	軽自動車税	固定資産税
住民税	国民健康保険	介護保険料
後期高齢者医療保険	各種使用料・利用料	個人事業税
不動産取得税	法人市民税	事業所税
市たばこ税	ふるさと納税	
公共料金		
水道料金	ガス料金	NHK放送受信料

第6章
節約で得する

所得税などの国税は「国税クレジットカードお支払サイト」で

　所得税や相続税などのキャッシュレス決済は、国税庁の「国税クレジットカードお支払サイト」で行えます。対応する税金は下記の通り。

「国税クレジットカード」で支払える税金（一部）

国税		
申告所得税及 復興特別所得税	法人税	法人税（連結納税）
地方法人税	地方法人税（連結納税）	相続税
贈与税	源泉所得税（告知分）	復興特別法人税
消費税	酒税	たばこ税及たばこ特別税
石油石炭税	電源開発促進税	揮発油税及地方道路税
揮発油税及地方揮発油税	石油ガス税	航空機燃料税
登録免許税（告知分）	自動車重量税（告知分）	印紙税

　こちらもポイント還元されるクレジットカードを登録して支払えば、決算額に応じたポイントがもらえます。分割やリボ払いにも対応しています。

「Yahoo! 公金支払い」「国税クレジットカードお支払サイト」の使い方

「Yahoo! 公金支払い」の使い方

① 「Yahoo! ウォレット（https://wallet.yahoo.co.jp/）」のページからクレジットカード情報を登録。

▼

② 「Yahoo! 公金支払い（https://koukin.yahoo.co.jp/）」のページから、税金の種類や支払い先を選択。

▼

③ 支払い番号や登録者番号を入力して、支払い実行！

「国税クレジットカードお支払サイト」の使い方

① 「国税クレジットカードお支払サイト（https://kokuzei.noufu.jp/）」にアクセス。

▼

② 利用規約に同意し、名前や住所、電話番号などを入力。

▼

③ 納付する税金の種類を選択。

▼

④ クレジットカード情報を登録して、納付実行！

Check

公共料金はQRコード決済でも支払えます！
PayPay や LINE Payでは、ポイントも還元！

70

電気代を節約する裏ワザ
アンペアと料金プランを見直すだけで安くなる

電力の自由化で、選択肢の幅が増えた電気の供給元。電力会社を変えなくても、料金を安くする方法が2つあります。

対象：電気代を節約したい人
お手軽度：★★★★★
お得度：★★☆☆☆
わくわく度：★☆☆☆☆

達人レベル **2.6**

アンペアを適正に変えれば安くなる

　電気代は、契約しているアンペアの数値が大きいと基本料金が高くなってしまいます。契約アンペアは、毎月の検針票か、家の中のブレーカーの色で確認することができます。赤は10、黄色は20、緑が30、灰色が40アンペアと色分けされています。

　自宅の契約アンペアがわかったら、今度は「でんきシミュレーション　わが家のアンペアチェック」というサイトを使って、実際に自宅で必要なアンペアを確認してみましょう。10アンペアから60アンペアの範囲で、アンペアを変更する場合は無料です。電力会社に連絡すればブレーカーの取り換え工事をしてもらえます。契約アンペアの数値を下げれば、基本料金を安くすることができるのです。

　また、電気料金にはライフスタイルに合わせた料金プランが用意されています。ご自身のライフスタイルに合ったプランになっているか、改めて確認してみましょう。「カンタン診断！ライフスタイルから選ぶ電気料金メニュー（http://www.tepco.co.jp/sp/kantan_shindan/）」というサイトを使えば、あなたに合ったプランを選ぶことができます。

Check
タダで契約アンペアを変えて基本料金を安くする

71

通信費はこの方法で激安に！

シニアこそ格安SIMに！
毎月のスマホ代が1000円以下になる方法も

あまりスマホを使わないのに、スマホ代が高い。そんな人は今すぐ「格安SIM」に乗り換えるのが得策。オススメの会社を紹介します

対象：**スマホをあまり使わない人**
お手軽度：★★★★☆
お得度：★★★☆☆
わくわく度：★☆☆☆☆

達人レベル **3.0**

そもそも「格安SIM」って何？

　スマートフォンには、通信を行うために、SIMカードという小さなICカードが入っています。大手キャリアから「格安SIM」の業者に乗り換えれば、今使っている端末に格安SIMを入れ替えるだけで、スマホ代を大幅に削減できるのです（格安SIM業者によって、対応できる端末は異なります）。昨今は、大手キャリアと比較しても、通信速度やサービスについて遜色がなくなってきています。

格安SIM会社、ここがオススメ！

●mineo（マイネオ）：https://mineo.jp/

　mineoは、ドコモ・ソフトバンク・auのすべての回線に対応しています。混雑時でも高速通信が可能で、サポートサービスも充実しています。料金は、音声通話付データ使用料3Gで月1600円、データ専用3Gで月900円ですみます。

●楽天モバイル：https://mobile.rakuten.co.jp/

　楽天のサービスをよく利用する人は、楽天モバイルがオススメ。楽天会員ならば、データも通話も使い放題で、月額1480円ですむプランがあります（2年目以降は2980円）。楽天モバイルはSPU（スー

第6章
節約で得する

パーポイントアッププログラム）対象なので、楽天ポイントでの還元率もアップ。また、「格安SIM業者」から、自前の回線をもつ「第4の携帯会社」になる準備も進められており、今後ますます使い勝手がよくなることが予想されています。

●イオンモバイル：https://aeonmobile.jp/

イオンモバイルは、データ通信と音声通話が可能なプランで月額1130円から利用できます（データ通信だけだと月額480円から）。スマホの利用状況によって29種類のプランから選ぶことができます。
イオンモバイルの最大の魅力は、全国のイオン200店舗以上で、販売とサポート体制が整っていること。インターネットで契約することが不安な人は、お近くのイオンで相談してみてください。

魔法の言葉は「MNP」大手キャリアから2万円分の引き止めポイントをゲットする

　MNP（携帯電話番号ポータビリティ）とは、電話番号をそのままに他社に乗り換えられるサービスのことです。大手キャリアはいずれも顧客を失いたくありませんので、「MNP」という言葉に敏感になっています。たとえば、「MNPの手続きを考えている」と言った場合、その理由を聞かれると思います。そこで「他社のほうが安いから」と伝えれば、機種変更などを条件に2万円ほどのポイントがもらえるケースがあります。

　つまり、「乗り換えるフリ」をするだけでもポイントをもらえる可能性があるわけです。確実にポイントがもらえるとは限りませんが、試してみる価値はあるでしょう。

┌─ **Check** ─────────────────
格安SIMでスマホ代が大幅に安くなる！
└────────────────────────────

72

長生きで得する！

「iDeCo」でコツコツお金を増やす
節税メリットの高い柔軟な年金制度

「iDeCo（イデコ）」って、聞いたことあるけど、具体的にはわからない。そんな人へ、知っておくべきポイントを厳選して紹介します。

対象：60歳未満でローリスクの投資を始めたい人
お手軽度：★★★☆☆
お得度：★★★★☆
わくわく度：★★★★★

達人レベル **4.0**

iDeCoって何？

iDeCo（個人型確定拠出年金）とは、毎月一定の金額を積み立て、用意されている定期預金・保険・投資信託といった金融商品で自ら運用し、60歳以降に年金もしくは一時金で受け取れる制度。20歳以上60歳未満の人が、月額5000円から開始できます。自営業者の上限は月額6万8000円です。

自営業者、企業年金制度のない会社員、専業主婦など、国民年金を払っている人なら、原則誰でも加入することができます。

iDecoの拠出限度額

第1号被保険者（自営業者）		▶	月額6万8000円 （年額81万6000円）
第2号保険者（会社員・公務員など）	会社に企業年金がない会社員	▶	月額2万3000円 （年額27万6000円）
	企業型DCに加入している会社員	▶	月額2万円 （年額24万円）
	DBと企業型DCに加入している会社員	▶	月額1万2000円 （年額14万4000円）
	DBのみに加入している会社員	▶	
	公務員など	▶	
第3号被保険者（専業主婦・専業主夫）		▶	月額2万3000円 （年額27万6000円）

※ DC：確定拠出年金
※ DB：確定給付企業年金

第7章
長生きする人が得する

普通の定期預金や投資信託と何が違うの？

　運用で得た定期預金の利息や、投資信託の運用益が非課税になるため、節税メリットが大きいのが最大の利点です。

　また、月額を5000円から1000円単位で上積みでき、また収入が少ないときは積立て（拠出）を停止するなど、柔軟な運用ができます。

iDeCo運用までの流れ
申込後、運用開始まで
2カ月近くかかります

① 受付金融機関から 資料を取り寄せる

iDeCoの受付金融機関は、銀行・信用金庫・証券会社・保険会社など多岐にわたる。金融機関ごとに、加入時や毎月の口座にかかる手数料、取り扱う運用商品は異なるため、複数をリサーチしてから加入の申込をしよう。

② 口座開設する金融機関から 申込書を取り寄せる

職業や加入している年金制度により必要書類は異なる。必要書類を用意し、申込書を返送する。

③ 加入審査

返送した書類は受付金融機関から、iDeCoを運用する国民年金基金連合会に送付され、加入資格の審査がかけられる。おおむね1～2カ月ほど時間がかかる。

④ 審査完了

審査に通過後、国民年金基金連合会や受付金融機関などから、通知書と利用の手引きが送られてくる。

⑤ 運用スタート！

コールセンターや窓口、ウェブページからパスワードや掛金の配分を設定して、iDeCoの運用を開始。

「マネ達」編集長の オススメ金融商品ベスト3

第1位

eMAXIS Slim 全世界株式（オール・カントリー）

全世界の株式へ、コレ1本で投資できる！
- 運用会社：三菱UFJ国際投信
- 取扱金融機関：楽天証券、SBI証券、マネックス証券

第2位

SBI・全世界株式インデックス・ファンド

低コスト＆分散投資をするなら、コレ！
- 運用会社：SBIアセットマネジメント
- 取扱金融機関：SBI証券

第3位

ひふみ年金

市場価値が割安な銘柄を、長期的に投資して安心！
- 運用会社：レオス・キャピタルワークス
- 取扱金融機関：イオン銀行、北陸銀行など

※投資に「ゼッタイもうかる」はありません。ご自身でよく調べ、納得してから始めるのが大切です。

Check

iDeCo運用は、 受付金融機関とよく相談して開始しましょう！

73

長生きで得する！

「国民年金基金」は
長生きするほど得をする
自営・フリーランスのための任意加入年金

国民年金基金は、将来の年金額が確定していて、プランを自分で選べる上乗せ年金。掛金額は一定で、全額が社会保険料控除の対象となります。

対象：20 〜 65 歳未満の
　　　自営業の人
お手軽度：★★★☆☆
お得度：★★★☆☆
わくわく度：★★★☆☆

達人レベル **3.0**

国民年金の「上乗せ年金」として活用

　国民年金の保険料をきちんと納めている人なら、国民年金基金に加入できます。年金額があらかじめわかるので、将来の見通しを立てやすい年金です。掛金の月額は、選択した給付のプラン、加入時の年齢、性別などによって決まります。

　給付のプランを選ぶ際は、まず 1 口目として終身年金である A 型か B 型のどちらかを選び、2 口目以降は全 7 種類の中から、自分のニーズに合わせたプランを選ぶことが可能です。ただし、掛金の 2 口目以降の減額は可能ですが、1 口目を変更することはできないので、加入する際は注意が必要です。

　掛金と将来の年金額は、国民年金基金のホームページで簡単に試算できます。ぜひ試してみてください。

国民年金基金
をプラス！

国民年金基金の加入プラン

国民年金基金 20口目以降		7つのタイプから組み合わせて選べる	
	終身年金	A型	65歳支給開始（15年間保証付）
		B型	65歳支給開始（保証期間なし）
	確定年金	I型	65〜80歳支給（15年間保証付）
		II型	65〜75歳支給（10年間保証付）
		III型	60〜75歳支給（15年間保証付）
		IV型	60〜70歳支給（10年間保証付）
		V型	60〜65歳支給（5年間保証付）

国民年金基金 1口目		終身年金A型・B型のどちらかを選ぶ	
国民年金 （老齢基礎年金）	終身年金	A型	65歳支給開始（15年間保証付）
		B型	65歳支給開始（保証期間なし）

iDeCoと国民年金基金、どっちがいい？

　国民年金基金は、税制上とてもお得です。掛金の全額が社会保障控除の対象になり、所得税や住民税が軽減されます。また年金を受け取る際にも公的年金等控除が適用されます。

　iDeCo（個人型確定拠出年金）は、将来受け取れる年金額は資産運用の成果によるものです。国民年金基金は将来の年金額があらかじめわかり、長生きするほど年金を受け取れます。資産運用のリスクが怖い人は、終身年金である国民年金基金がオススメです。どちらか一方を選べない人は、毎月の掛金が6万8000円の枠内で併用も可能となります。

　また、60歳から国民年金に任意加入して、付加年金を払う場合は、国民年金基金とどちらかを選択することになります。

自営業を営むＡ子さんは、約７万円の税負担軽減！

　30歳の誕生月に、国民年金基金に加入したＡ子さんのケースを見てみましょう。１口目をＡ型に加入したＡ子さんの掛金月額は、１万1990円。これで将来の年金月額は２万円となります。

　２口目をⅠ型に２口加入した掛金月額は、7270円。これで将来の年金月額は２万円。

　掛金月額の合計は１万9260円で、年金月額は４万円となります。

　60歳まで支払いをすると、掛金の年額は23万1120円。

　65〜80歳までに受け取る年金額は、年額48万円。その後は終身年金として、年額24万円受け取ることができます。

　Ａ子さんは課税所得額は400万円の設定です。計算すると、年間23万1120円のうち、約７万円の税控除を受けることができます。つまり、掛金は実質約16万円ということになります。

　このように「国民年金基金」は、税制面でとても有利な制度なのです。

自営業のＡ子さん（女性・課税所得額400万円）が30歳０カ月で加入した場合

国民年金基金の手続きは、全国の国民年金基金の支部へ！

① 国民年金基金のホームページから
資料を請求する

パソコンを使わない人は、☎0120-65-4192
に連絡して資料請求してください。

② 加入申出書に記入して郵送する

提出先は全国の国民年金基金の支部となります。

③ 加入員証が送られてくる

登録が完了後、郵送されています。

④ 2カ月後から口座引き落とし開始！

⇒まずは資料請求して、じっくり内容をチェックしよう！

Check
国民年金基金のホームページで、
自分のケースを試算してみよう！

第7章
長生きする人が
得する

189

74

長生きで得する！

シニアが始めるなら「つみたてNISA」
はじめての投資でも安心の非課税制度

iDeCoは60歳以上だと利用できませんが、つみたてNISAなら定年前後からでも利用できます。どこで、何をしたら始められるのか伝授！

対象：ローリスクの投資を始めたい人
お手軽度：★★★★☆
お得度：★★★★☆
わくわく度：★★★★☆

達人レベル **4.0**

定年前後は「iDeCo」よりも「つみたてNISA」

「iDeCoは60歳まで？ 若い人のものじゃない！」と落胆した人もいるでしょう。でも大丈夫です。シニアには「つみたてNISA」があります。

「つみたてNISA」は、「NISA口座」という口座で、少額の投資を行うための非課税制度です。

利益にかかる税金が非課税となり、最大20年間非課税で運用することができます。

投資対象商品は金融庁の審査が通った長期投資に向いているものから選びます。

また、100円からの少額投資ができ（金融機関により異なる）、いつでも途中解約して資金を引き出すこともできます。

さらに、一度購入の手続きをすれば自動的に積み立ててくれるため、こまめに価格変動を気にしなくてよく、投資のビギナーでも気軽に始めることができます。

月1万円積み立てたら、20年後いくらもうかる？

たとえば、毎月1万円を積み立て、想定の利回りが3％としたとき、20年間運用したらいくら利益が生まれるでしょうか。

10年後に元本120万円に対して、利益は約19万7000円。

20年後には、元本240万円に対して、利益は約88万3000円うまれることになります（金融庁「資産運用シミュレーション」で試算）。

もちろん利回りの3％は、購入した商品によって変動します。長期的なローリスクの投資のため、運用結果が思わしくない場合は、途中で「やっぱりやめた」とすることができます。

NISA口座開設から、運用スタートまでの流れ

ここでは、自宅でできる
ネット証券の口座開設方法を紹介します。

① ─────────────────────

ネット証券会社を選ぶ

「SBI証券」「楽天証券」「マネックス証券」がオススメです。いずれも信頼度が高く、手数料も安く、安心して運用することができます。

② ─────────────────────

総合取引口座と一般NISA口座を同時に申し込む（楽天証券の場合）

まずはウェブ上で、本人確認書類をアップロードして、申し込みます。

③ ─────────────────────

郵送で「ログイン情報のお知らせ」が届きます

記載のIDとパスワードで楽天証券のウェブサイトにログイン。初期設定後、マイナンバーを登録。

④ ─────────────────────

NISA口座開設完了！

NISA口座で取引ができるようになります。

┌─ Check ──────────────────────

貯金感覚で投資を始めて、ローリスクで稼ごう！

75

信用金庫活用術
地元の信用金庫に出資して、4〜10%の配当金をゲット！

銀行に預けても超低金利。投資を始めるのはちょっと億劫。そんな人には、地元の信用金庫に出資して得る方法があります。

対象：地元に永住する人
お手軽度：★★★★☆
お得度：★★★★★
わくわく度：★★★☆☆

達人レベル **4.0**

信用金庫は配当金4〜5%は当たり前

地域密着型の金融機関「信用金庫」は、地元への資金供給を担っています。その地元に住む人が信用金庫を支える会員になり、出資金を出すことで運営されています。出資金に対して出される配当金は、銀行の利率より断然高く、金利4〜5％の信用金庫はたくさんあります。なかでも高知信用金庫のように金利10％のところまであります。

地元の信用金庫の情報を調べてみよう

それならば、「銀行口座を解約して、全財産を信用金庫に！」と考えられるわけですが、いくつか注意しなければならない点があります。

①出資額の上限を設けられている場合がある
②簡単に出資金を引き出すことができない
③簡単に脱退できない。引っ越ししたら配当金がもらえない
③業績が悪ければ配当金がゼロになるリスクも
④倒産した場合、出資金は保証されない

これらのリスクが考えられるため、「信用金庫一本に絞る」ことに

第7章
長生きする人が得する

は慎重になる必要があります。お住まいの地域にある信用金庫の情報を調べてから、運用を検討するのがいいでしょう。

【信用金庫の配当率ランキング 2019】

第1位	高知信用金庫	配当率10%
第2位	津信用金庫／遠賀信用金庫	配当率8%
第3位	豊田信用金庫／西尾信用金庫／但馬信用金庫／但陽信用金庫／観音寺信用金庫／飯塚信用金庫	配当率6%
第4位	稚内信用金庫／花巻信用金庫／浜松信用金庫／京都中央信用金庫／大阪信用金庫	配当率5%

Check
信用金庫への出資は地元を応援する気持ちで!

76

免許証返納で受けられるサービス
運転免許証を自主返納するとさまざまな特典が!

飲食や買い物、旅館の宿泊料の割引
など、免許証返納で得られる公的・
民間サービスがたくさんあります。
チェックして特典を受けなきゃ損！

対象：**65歳以上の運転免許証保
持者**（サービスにより異なる）
お手軽度：★★★★★
お得度：★★★★☆
わくわく度：★★★★☆

達人レベル **4.3**

タクシーやバスの割引以外にもいろいろ

　運転免許証を自主返納すると、自治体の支援のみならず、民間企業
でもさまざまなサービスを受けられます。

千葉県の場合

タクシー運賃が1割引
路線バスの運賃が半額
指定のホテルの宿泊料金が5～10％割引
鴨川シーワールドの入場料金が700円引
指定の法律事務所の相談が2回まで無料
メガネの購入が、3万円以上で1万円引
高島屋の自宅配送料が無料

　そのほかにたくさんのうれしいサービスがあります。お住まいの
県のサービスについては、「全日本指定自動車教習所協会連合会」の
高齢運転者支援サイト（http://www.zensiren.or.jp/kourei/return/
relist.html）に一覧がまとめられていますので、ぜひチェックを。

第7章
長生きする人が
得する

195

実践！ 免許証の自主返納から サービスを受けるまでの流れ

「運転経歴証明書」がシニア割引のパスポート！

① 警察署か運転免許更新センターで 免許を自主返納する

▼

② 同時に「運転経歴証明書」の 交付申請をする

手数料に 670 円かかります。自治体によっては 後日申請すれば、全額助成されます。

▼

③ 協賛店に「運転経歴証明書」を 提示してサービスを受ける

どこが協賛店か、警察署か自治体に尋ねてみま しょう。

Check
返納するか迷っている人は特典内容も検討のポイントに！

77

長生きで得する!

高齢者タクシー利用助成
タクシーに乗る後期高齢者は、自治体の助成制度で得しよう

要介護認定の人、障害者、後期高齢者の人などがタクシーを利用する際、自治体からタクシー代を補助してもらえる制度です。

対象：75歳以上（自治体により異なる）
お手軽度：★★★★★
お得度：★★★★☆
わくわく度：★★☆☆☆

達人レベル **3.6**

2100円のタクシー券がもらえる自治体も!

　自治体によって、制度の名称や内容は異なります。助成内容は、たとえば、「1カ月あたり2100円分のタクシー券をもらえる」「1カ月に2回、初乗り運賃分が無料になる」「上限1200円で、かかったタクシー代が半額になる」など、それぞれの自治体が基準を設けています。

　また昨今は、自動車免許を返納した人に助成する自治体も増えているようです。前述したように、免許証を自主返納すると、タクシーやバスの助成に加えて、温泉入浴券などの特典を付けている自治体もあります。詳しくは、お住まいの自治体の「高齢福祉課」などに、お問い合わせください。

Check
シニアになったら、タクシーやバスに安く乗れる!

第7章
長生きする人が得する

197

最新！相続・贈与税で損しない方法
2021年までの非課税措置を活用しよう

相続税をできるだけ安くすませるために、上手な生前贈与のしかたを一挙紹介！ 2021年までの非課税措置を活用しましょう。

対象：まとまった財産を持つ人
お手軽度：★★★☆☆
お得度：★★★★☆
わくわく度：★★★☆☆

達人レベル **3.3**

相続税対策は早いうちから始めよう

　資産が多い人は、相続税で家族が損しないために、生前から早めに対策をしておきましょう。たとえば資産2000万円にかかる相続税は250万円、1億円にかかる相続税は2300万円にものぼります。少しでも節税するために、生前贈与で得する方法を紹介します。

相続税の税率

法定相続分に応ずる取得金額	税率	控除額
1000万円以下	10%	―
3000万円以下	15%	50万円
5000万円以下	20%	200万円
1億円以下	30%	700万円
2億円以下	40%	1700万円
3億円以下	45%	2700万円
6億円以下	50%	4200万円
6億円超	55%	7200万円

※この速算表で計算した法定相続人ごとの税額を合計したものが相続税の総額になる

生前贈与の王道「暦年贈与」

　生前贈与の基本は、年間110万円が非課税になる「暦年贈与」を活用することです。毎年110万円ずつ贈与していけば、10年間で1100万円を非課税で贈与することができます。その際、必ず毎年「贈与契約書」を親子間であっても作成しておくことが大切です。「もらう側が贈与に合意していない」と指摘された場合、後から相続税を徴収されてしまう可能性があります。税理士に相談して進めましょう。

住宅取得等資金の贈与——2021年12月末まで

　2021年12月末までの期間限定で、親・祖父母などが、住宅の新築や増築のために贈与する場合、要件を満たせば700万〜1200万円を非課税で贈与できます。新築の時期によって非課税枠が変わってきますので、詳しくは財務省のウェブサイトで最新情報をチェックしてみてください

教育資金の一括贈与——2021年3月末まで

　2021年3月末までの期間限定で、贈与者（祖父母）は、子・孫に対して、一人あたり1500万円までの教育資金を非課税で贈与できます。孫が30歳に達する日に口座は閉鎖され、使い残しがあれば残額に贈与税が課税されます。

結婚・子育て資金の一括贈与——2021年3月末まで

　2021年3月末まで、20歳から50歳までの人が、結婚や子育て資金として、親や祖父母から贈与を受ける場合、贈与者は一人あたり1000万円まで非課税で贈与することができます。子・孫が50歳に達する日に口座は終了し、使い残しに贈与税が課税されます。

達人の裏ワザ!

未成年の孫への生前贈与は、「ジュニアNISA」がおススメ! その方法を伝授!

① ──────────────

孫にお金を贈与する

暦年贈与を利用して、110万円未満のお金を孫に贈与します。

▼

② ──────────────

親権者である子どもが、孫名義のジュニアNISA口座を開設して、運用する

ジュニアNISAとは、0〜19歳の未成年者が利用できるNISA。ただし運用と管理は親権者が行います。年間80万円までの運用であれば、得られた分配金などに所得税はかかりません。孫が18歳になるまで払い出しが制限されるため、運用資金を大学などの学費に充てることができます。投資可能期間は2023年までとなっています。

⇒お孫さんの投資の勉強にもなります!

Check
期間限定の制度が終わる前に、検討しておきましょう!

79

家族が亡くなったとき もらえるお金

健康保険から5万円支給される

加入していた健康保険によって名称や金額が異なります。死亡した翌日から2年で時効になるので、もらい忘れている人は手続きを。

対象：健康保険・協会けんぽ・
　　　国民健康保険の被保険者
お手軽度：★★★★☆
お得度：★★★☆☆
わくわく度：★☆☆☆☆

達人レベル **2.6**

埋葬料・家族埋葬料・埋葬費・葬祭費

　家族や知人がなくなったときに支給されるお金は以下の通りです。

埋葬料：健康保険の被保険者本人が亡くなり、扶養家族が埋葬した場合にもらえるお金。一律5万円。

家族埋葬料：健康保険の被保険者の家族（扶養に入っている家族）が亡くなり埋葬したとき、被保険者がもらえるお金。同じく5万円。

埋葬費：健康保険の被保険者が亡くなり、扶養家族がおらず、知人や会社が埋葬した場合にもらえるお金。最大5万円（接待費、香典返しなどには使えない）。

葬祭費：国民健康保険や後期高齢者医療制度の加入者が亡くなったときもらえる。金額は市区町村によって異なる。1万～7万円程度。

【埋葬料・家族埋葬料・埋葬費の窓口】	【葬祭費の窓口】
健康保険組合、協会けんぽ	お住まいの市区町村

Check
葬儀がすんで落ち着いてから申請しても間に合う！

第7章　長生きする人が得する

80

葬儀代で家族を困らせない

あなたの人生最後にかかるお金、どう考えますか？

核家族化や景気の低迷で、供養の形態が多様化しています。残された人がお金に困らないように、生前から葬儀の方法を決めておきましょう。

対象：死後のお金が不安な人
お手軽度：★★★☆☆
お得度：★★☆☆☆
わくわく度：★★★☆☆

達人レベル **2.6**

一般の葬儀代は全国平均195万円

「葬儀についてのアンケート調査」（財団法人日本消費者協会・2017年1月）によると、葬儀費用の総額の平均は195万7000円とのこと。

　これは、飲食接待費や寺院費用をあわせた、いわゆる一般葬の金額で、香典返し、寺院や神社などへの謝礼も含んでいます。

　この出費は貯蓄の少ない家庭には負担です。そこで昨今は、家族や親族など、ごく親しい人だけが参加する家族葬が浸透してきました。

　小規模な家族葬ならば、100万円程度の費用で賄うことができます。しかしこの家族葬、参列者が少ない分、香典収入が少なくなってしまいます。そのため費用面だけでいうと、結果として一般葬と大差ないことがあります。

直葬なら20万円前後で済む

　そこで昨今増えてきたのが直葬です。直葬とはセレモニーを執り行わず、近親者が火葬場で火葬に立ち会うだけとなります。直葬の場合は、20万円ほどでできますので、経済的な余裕のない人や、葬儀を不要と考えている人に選ばれています。首都圏における直葬の割合は約20％にも及んでいます。

一般的な葬儀

臨終 ▶ お迎え・安置 ▶ 納棺 ▶ 通夜 ▶ 告別式 ▶ 出棺 ▶ 火葬 ▶ 骨上げ

直葬

臨終 ▶ お迎え・安置 ▶ 納棺 ▶ 出棺 ▶ 火葬 ▶ 骨上げ

直葬は通夜・告別式が行われず、葬儀費用を大幅に抑えられる

散骨という選択肢も

　散骨とは、火葬した骨を粉状にして自然に撒く弔い方です。自然に還れる、お墓の維持費や手入れの手間がかからないというメリットから、散骨を選ぶ人も増えています。

　多くは海での散骨が主流です。業者にすべて委託する場合は5万〜10万円、家族が乗船する場合は10万〜40万円程度の費用がかかります。

葬儀業界にもIT化の流れが！インターネット霊園という選択

　位牌や故人の写真など生きた証を記録しておける、インターネット霊園のサービスが増えつつあります。パソコンからネット霊園にアクセスし、故人のページに行くと、般若心経などのお経を流すことができます。また、故人に向けたメッセージを書き込むこともできます。金額は、初回登録料3000円、年会費2000〜3000円が相場です。

　供養の形はこのように多様化しています。費用を抑えることは大切ですが、選択した方法に後悔がないのがいちばんです。生前から家族としっかりと話しておきたいものです。

第7章 長生きする人が得する

お墓を建てる予定があるなら、生前墓のほうが節税になる!

　自分の死後、子どもや配偶者に遺産を相続して、そのお金でお墓を建ててほしいと考えている人。ちょっと待ってください。遺産の相続には相続税がかかってしまいます。

　しかし、お墓や仏壇など先祖を祀る対象となるものは「祭祀財産」と呼ばれ、相続税が課税されないのです。墓地と墓石の費用は200万円から300万円かかりますから、いずれお墓を建てる予定がある人は、亡くなる前にお墓を建てる「生前墓」のほうが節税になります。

　元気なうちにお墓を建てておけば、子どもや配偶者の税負担を軽減させることにつながるでしょう。

Check
最後の出費。あなたはどう考えますか?

北山 秀輝 （きたやま・ひでき）

「マネーの達人」編集長。
中国伝媒大学（北京）に留学後、明治大学経営学部を卒業。IT系商社、人材コンサルティングファームを経て起業。その後、自身が代表を務める会社で運営する「マネーの達人」事業をイードに事業譲渡しメンバーごと移籍、責任者となる。読者ゼロから立ち上げた「マネーの達人」は、5年間で毎月700万回読まれるサイトに成長。最近2年間で読者も売り上げも3倍以上に成長している。

WEB「マネーの達人」

https://manetatsu.com

200名以上の「お金のスペシャリスト」が執筆する、マネーのあらゆるジャンル（住宅、保険、節約、投資、年金、税金、相続、介護など）のコラムを掲載。月間約700万ページビューの人気WEBメディアである。「達人」が実践していること、専門家が身内だけにこっそり教えていること、知っている人だけが得をする「本音」のコラムを毎日10本以上配信中。今までの掲載本数は1万4000本以上。

「マネーの達人」が教える

老後のお金が増える
手続き事典

発行日　2020 年 3 月 26 日　第 1 刷

著者　　　　　北山秀輝

本書プロジェクトチーム
編集統括　　　柿内尚文
編集担当　　　小林英史
デザイン　　　菊池崇＋櫻井淳志（ドットスタジオ）
編集協力　　　高野成光、鈴木雅光、寺口雅彦、オフィスAT
イラスト　　　植本勇
校正　　　　　植嶋朝子
協力　　　　　「マネーの達人」編集部
　　　　　　　　　拝野洋子、大岩楓、三木千奈、山内良子、青海光、木村公司

営業統括　　　丸山敏生
営業担当　　　熊切絵理
プロモーション　山田美恵、林屋成一郎
営業　　　　　増尾友裕、池田孝一郎、石井耕平、大原桂子、桐山敦子、綱脇愛、
　　　　　　　　　渋谷香、寺内未来子、櫻井恵子、吉村寿美子、矢橋寛子、遠藤真知子、
　　　　　　　　　森田真紀、大村かおり、高垣真美、高垣知子、柏原由美、菊山清佳
講演・マネジメント事業　斎藤和佳、高間裕子、志水公美
編集　　　　　舘瑞恵、栗田亘、村上芳子、大住兼正、菊地貴広、千田真由、
　　　　　　　　　生越こずえ、名児耶美咲
メディア開発　池田剛、中山景、中村悟志、長野太介
マネジメント　坂下毅
発行人　　　　高橋克佳

発行所　株式会社アスコム

〒105-0003
東京都港区西新橋2-23-1　3東洋海事ビル
編集部　TEL：03-5425-6627
営業部　TEL：03-5425-6626　FAX：03-5425-6770

印刷・製本　中央精版印刷株式会社

©Hideki Kitayama　株式会社アスコム
Printed in Japan ISBN 978-4-7762-1063-4

死ぬほど読めて忘れない
高速読書

上岡正明

四六判 定価：本体 1,400円＋税

スピード×記憶定着＝
脳科学を駆使したすごい読書術

◎ 仕事や勉強に役立つ
◎ 教養やスキルが身につく
◎ 本を読むのが楽しくなる

**もっとたくさん読みたい、内容をちゃんと覚えていたい、
そんな人のための本です。**

お求めは書店で。お近くにない場合は、ブックサービス ☎0120-29-9625までご注文ください。
アスコム公式サイト http://www.ascom-inc.jp/からも、お求めになれます。